不正調査
ガイドライン

日本公認会計士協会［編］

日本公認会計士協会出版局

発刊に当たって

　近年,企業や企業以外の組織体(以下「企業等」という。)で発覚した不正・不祥事(以下「不正」という。)が報道されるようになり,不正が発生又は発覚した企業等において,公認会計士が不正を解明するために不正調査を実施し,またその再発防止のために活躍する場面も増えております。

　コンプライアンス意識の高まってきている今日では,不正に対する社会的批判も強くなっております。また,不正が発生又は発覚した企業等は,内部的な対応だけではなく,投資者,規制当局,金融商品取引所その他ステークホルダーに対しても適切に対応する必要があります。

　こういった背景の下,日本公認会計士協会は,経営研究調査会研究報告第40号「上場会社の不正調査に関する公表事例の分析」(平成22年4月)及び経営研究調査会研究報告第43号「非営利組織の不正調査に関する公表事例の分析」(平成22年8月)を公表しております。

　これらの研究報告の公表後,不正調査実務に精通している公認会計士や弁護士を構成メンバーとして,経営研究調査会研究報告第51号「不正調査ガイドライン」(平成25年9月)の作成を行いました。この「不正調査ガイドライン」は,公認会計士だけでなく,不正調査業務に携わる実務家の方々からもご好評をいただいていることから,この度,より多くの方々にご活用いただくことを目的として,これを書籍化し,発刊することといたしました。

　本書は,「不正調査ガイドライン」のそれぞれの分野について,重要なテーマ及び実務上の理解に資するテーマを選択し,事例を紹介する形式でわかりやすく解説する構成になっています。各事例では,不正調査の現場で直面するであろう問題を可能な限り具体的に記載し,それに対する実務上の取り扱いを解説し,実務家が活用しやすい形で紹介しています。また,書籍化に当たり,不正及び不正調査に関連する各分野の最前線でご活躍いただいている専門家をお招きして座談会を開催し,その中で行われた議論もご紹介しております。

最後になりましたが，本書の刊行に当たり，ご多忙な中，貴重な時間を割いていただきました経営研究調査会（不正調査専門部会）の各委員にはこの場を借りて心からお礼申し上げます。

平成27年1月

日本公認会計士協会
会長　森　公高

――目　次――

第1部　座談会

「不正調査の現状と「不正調査ガイドライン」への期待」

「テーマ1　公表データからわかる不正の現状」　3

「テーマ2　不正調査の現状」　30

「テーマ3　不正と戦う全ての人へ」　47

第2部　不正調査ガイドライン

Ⅰ　総　論 ……………………………………………………………… 53

　1. 不正調査ガイドラインの背景と目的　54

　2. 本ガイドラインにおける諸概念　60

　3. 本ガイドラインの概要と利用上の留意点　63

Ⅱ　業務受嘱の判断 …………………………………………………… 67

　1. 不正調査業務の目的適合性の検討　68

　2. 財務諸表監査の独立性の検討　70

　3. 依頼者との関係性の検討　70

　4. 不正調査人の能力とリソースの検討　74

5. 不正調査人の役割と責任の検討　　76
　　6. 調査対象者等の協力の検討　　78
　　7. その他の不正調査実施上の制約の検討　　79

Ⅲ　不正調査業務の体制と計画管理 …………………… 83

　　1. 不正調査業務の体制　　84
　　2. 業務委託契約の締結　　87
　　3. 業務の計画と管理　　88
　　4. 他の専門家等の利用及び協働　　95

Ⅳ　不正調査に関係する情報の収集と分析 …………… 97

　　1. 仮説検証アプローチにおける情報の収集と分析の位置付け　　98
　　2. 情報の収集方法と法的面での留意点　　99
　　3. 情報の十分性と情報の管理　　113
　　4. 情報の分析手法　　115

Ⅴ　不正に対する仮説の構築と検証 …………………… 125

　　1. 財務諸表監査と不正調査の比較　　126
　　2. 不正に対する仮説の構築と不正　　130
　　3. 仮説検証のための主な調査手続　　134
　　4. 事実認定　　140

Ⅵ　不正の発生要因と是正措置案の提言 ……………… 147

　　1. 不正の発生要因と是正措置案の提言との関係　　148

2. 緊急的対応に関する提言の検討　150
    3. 抜本的対応に関する提言の検討　152

VII　調査報告 …………………………………………………… 159
    1. 報告の類型　160
    2. 不正調査報告書作成上の留意事項　162
    3. 不正調査報告書の作成例　165
    4. その他の留意事項　172

VIII　依頼者又は企業等が行う
　　　ステークホルダー対応への支援 …………………………… 173
    1. ステークホルダーへの対応における留意事項　174
    2. 不正調査の公表　175
    3. 監査人への対応　179
    4. 監査役等への対応　180
    5. その他のステークホルダーへの対応　180

IX　業務の終了 …………………………………………………… 183
    1. 文書管理　184
    2. 証拠管理　186

巻末資料　187
あとがき　192

第1部

座談会

「不正調査の現状と「不正調査ガイドライン」への期待」

前列　左から，小林英明氏，河野一郎氏，広瀬英明氏。
後列　左から，井上浩一氏，松澤公貴氏

開催日時：平成26年9月25日
場所：日本公認会計士協会会議室

座談会参加者
金融庁証券取引等監視委員会 事務局次長　河野　一郎
日本取引所自主規制法人 上場管理部長　広瀬　英明
長島・大野・常松法律事務所 弁護士　小林　英明
日本公認会計士協会 経営担当常務理事 公認会計士　井上　浩一
司会進行
日本公認会計士協会 経営研究調査会　不正調査専門部会　副専門部会長 公認会計士／公認不正検査士　松澤　公貴

※参加者の略歴は第1部の最後に記載しております。

テーマ1
公表データからわかる不正の現状

松　澤　本日はお集まりいただき，ありがとうございます。座談会のテーマは「不正調査の現状と「不正調査ガイドライン」への期待」についてです。

会計不正の類型と適時開示ルール

松　澤　公表されている上場会社における不正について様々あると思いますが，会計不正には大きく分けて「粉飾決算」と，「資産の流用」があると思います（**図表1-1**）。

　私の不正調査の経験では，会計不正の件数では「資産の流用」が多いと思っておりますが，公表されているものは「粉飾決算」が多いですね。これに

◆図表1-1　会計不正の類型◆

◆会計不正は，主に資産の流用と粉飾決算に大別できる。
◆資産の流用は，従業員により行われ，比較的少額であることが多いが，資産の流用を偽装し隠蔽することを比較的容易に実施できる立場にある経営者等が関与することもある。一方，粉飾決算とは，財務諸表の利用者を欺くために財務諸表に意図的な虚偽表示を行うことであり，計上すべき金額を計上しないこと，又は必要な開示を行わないことを含んでいる。粉飾決算は，企業の業績や収益力について財務諸表の利用者を欺くために，経営者等が利益調整を図ることを目的として行われる可能性がある。

出所：日本公認会計士協会　経営研究調査会　不正調査専門部会が作成

ついて，上場会社において，会計不正が発覚した場合に，証券取引所としてどのような適時開示のルールがあるのでしょうか。

広瀬 東京証券取引所が定める会社情報の適時開示制度では，上場会社が過去に開示をした情報について訂正しなければならない事象が発生した場合，開示の訂正をしなければなりません。上場会社で「粉飾決算」が発覚した場合，通常であれば過年度の財務諸表が訂正されるということになると思います。既に開示している決算短信に訂正が生じる事象が発生したということになりますので，適時開示は必須になります。

　一方で，「資産の流用」は，必ずしも訂正が発生する場合ばかりではありません。流用によって過年度の決算に訂正が発生せず，流用による財務，経営成績への影響が軽微な場合には適時開示は必須とはなりません。

松澤 おっしゃるとおりですね。

広瀬 会社情報の適時開示制度に「適時開示が求められる会社情報」があり，その中で「上場会社の発生事実」という項目があります（図表1-2）。例えば，その中の「1. 災害に起因する損害又は業務遂行の過程で生じた損害」が発生した場合には，適時開示が必要となっております（東証　有価証券上場規程第402条第2号a）。ただ，これについては，いわゆる開示が免責される軽微基準というものがありまして，連結財務諸表に与える影響が直前決算期の純資産額の3％未満，経常利益及び当期純利益の30％未満の場合には開示をしなくてもよいということになっています（東証　有価証券上場規程施行規則第402条第1号）。

　したがいまして，「資産の流用」の場合で生じた損害額が軽微基準に該当すれば，適時開示は必須とはなりません。もちろん，軽微基準の範囲内であっても開示している会社も少なからずありますが，このような背景から，おそらく公表ベースで考えると「資産の流用」より「粉飾決算」が多くなっているのではないかと考えております。

松澤 上場会社の担当者が証券取引所に相談しに行くと，すぐに「開示しろ」と言われる可能性があるため，相談に行くことすら躊躇してしまうことが現

◆図表1-2 適時開示が求められる会社情報（上場会社の発生事実）◆

1. 災害に起因する損害又は業務遂行の過程で生じた損害
2. 主要株主又は主要株主である筆頭株主の異動
3. 上場廃止の原因となる事実
4. 訴訟の提起又は判決等
5. 仮処分命令の申立て又は決定等
6. 免許の取消し，事業の停止その他これらに準ずる行政庁による法令等に基づく処分又は行政庁による法令違反に係る告発
7. 親会社の異動，支配株主（親会社を除く。）の異動又はその他の関係会社の異動
8. 破産手続開始，再生手続開始，更生手続開始又は企業担保権の実行の申立て又は通告
9. 手形等の不渡り又は手形交換所による取引停止処分
10. 親会社等に係る破産手続開始，再生手続開始，更生手続開始又は企業担保権の実行の申立て又は通告
11. 債権の取立不能又は取立遅延
12. 取引先との取引停止
13. 債務免除等の金融支援
14. 資源の発見
15. 株式又は新株予約権の発行差止請求
16. 株主総会の招集請求
17. 保有有価証券の含み損
18. 社債券に係る期限の利益の喪失
19. 上場債券等の社債権者集会の招集その他上場債権等に関する権利に係る重要な事実
20. 公認会計士等の異動
21. 有価証券報告書・四半期報告書の提出遅延
22. 有価証券報告書・四半期報告書の提出期限延長申請に係る承認等
23. 財務諸表等の監査報告書における不適正意見，意見不表明，継続企業の前提に関する事項を除外事項とした限定付適正意見
24. 内部統制監査報告書における不適正意見，意見不表明
25. 株式事務代行委託契約の解除通知の受領等
26. その他上場会社の運営，業務若しくは財産又は当該上場株券等に関する重要な事実

出所：東京証券取引所 会社情報の適時開示制度「適時開示が求められる会社情報」のうち「上場会社の発生事実」を抜粋して記載

実にあると思います。もし，担当者が相談に行くと，どのように対応していただけるのでしょうか。

広瀬 ケース・バイ・ケースで対応しており，適時開示するに十分な情報となっているかどうかがポイントとなります。例えば，粉飾決算の兆候が見つかったけれども，本当に粉飾決算が行われるかどうかわからないとき，これを適時開示してしまうと，「粉飾決算が行われているかもしれない」という開示になり，投資家をかえって混乱させてしまいます。基本的には粉飾決算

が行われているか，あるいは行われている確度が相当程度に高い，というレベルでなければ適時開示できるレベルにはならないだろうと考えております。

ただ，往々にして，粉飾決算が行われている確度がかなり高まってきた段階でご相談をいただきますから，その場合には適時開示をお願いしています。もちろん，かなり前の段階からご相談いただく会社があるのも事実です。そういった場合には「今すぐ開示してください」とは申し上げておりません。

小　林　私も，しばしばそのような事案を扱いますが，証券取引所への連絡，相談が重要だと依頼者に助言しています。証券取引所は，開示のタイミング等を適切にアドバイスしてくれており，感謝しています。

市場別及び業種別分析

松　澤　続いて，市場別及び業種別分析ですが，2013年度の「不適切会計企業の市場別社数」の推移ではジャスダックが13社でトップです（**図表1-3**）。また，証券取引等監視委員会（以下，「監視委」）が公表している課徴金事例集では，会計不正に限った統計でありませんが，「違反行為者の市場別分類」ということで市場別の分析がなされております（**図表1-5**）。会計不正の市場別分析結果及び業種別分析結果について，ご意見をお聞かせください。

河　野　監視委では，有価証券報告書等の開示書類の重要な事項について虚偽記載がないかの開示検査を行っています。開示検査で確認した不適切な会計

◆図表1-3　不適切会計企業の市場別社数◆

(年度別，単位：社)

市場	2009	2010	2011	2012	2013
東証1	10	9	9	10	10
東証2	1	2	1	2	5
ジャスダック	6	6	9	10	13
マザーズ	2	6	4	0	5
地方上場	2	1	9	5	5
合計	21	24	32	27	38

出所：2013年度「不適切会計・経理を開示した上場企業」調査～前年度比1.4倍増　経営幹部による粉飾決算が急増～　株式会社東京商工リサーチ

◆図表1-4　課徴金納付命令勧告の金額（年度別）◆

年度	課徴金額	年度	課徴金額
18	6億3,333万円	23	5億6,925万円
19	6,684万9,997円	24	7億2,174万9,994円
20	19億1,390万9,997円	25	10億4,836万9,999円
21	7億1,147万9,998円	26	2億1,552万円
22	18億7,981万9,994円	合計	77億6,027万9,979円

(注) 1　課徴金額は勧告時点のもの。
　　 2　平成21年度に個人に対して行われた1件（課徴金額1億2,073万円）については，課徴金納付命令勧告後，審判手続により「違反事実なし」となっている。
出所：金融商品取引法における課徴金事例集～開示規制違反編～（4頁）　平成26年8月証券取引等監視委員会事務局

処理については，その概要を「金融商品取引法における課徴金事例集」という形で取りまとめて，毎年公表させていただいております。

平成26年8月29日に公表した課徴金事例集によれば，監視委は平成17年4月に課徴金制度が開始されて以降，平成26年6月までの間に開示書類の虚偽記載などの開示規制違反で金融庁に対して85件の課徴金納付命令の勧告を行っております。課徴金の金額は合計で，約77億6,000万円となっています（**図表1-4**）。

虚偽記載がありました上場会社を市場別に分類すると，先ほど85件と言いましたが，複数の市場で重複上場している企業があるので合計がちょっと合いませんが，東京証券取引所，名古屋証券取引所などの本則市場と言われているものが44件，マザーズ，ジャスダックなどの新興市場が44件と，同じ件数の44件ずつとなっております（**図表1-5**）。

本則市場の上場会社数は新興市場の上場会社数の3倍以上あるので，これを踏まえると新興市場における違反行為の割合は相当高いという結果になっています。一般に，新興市場の上場会社というのは規模が小さく，意思決定権限や事務分担が特定の役職員に集中しているという傾向もありますし，また特定部門で発生した不正が会社の財務諸表全体に大きな影響を与えやすいということもあります。そのような背景で新興市場における違反の割合が高

◆図表1-5　違反行為者（発行者である会社）の市場別分類◆

(単位：社)

年度		18	19	20	21	22	23	24	25	26	計
東証計		4	9	11	8	17	5	8	10	3	75
	東証1部	2	5	4	2	6	0	1	4	1	25
	（うち旧大証1部）	1	1	2	0	2	0	0	1	0	7
	東証2部	0	1	2	1	1	1	1	3	0	10
	（うち旧大証2部）	0	0	2	1	0	1	0	0	0	4
	マザーズ	0	0	1	2	7	2	3	0	1	16
	ジャスダック	2	3	4	3	3	2	3	3	1	24
名証計		1	0	1	1	0	1	0	0	2	6
	名証1部	1	0	1	1	0	0	0	0	1	4
	セントレックス	0	0	0	0	0	1	0	0	1	2
札証計		0	0	2	0	0	2	1	0	0	5
	札証（本則）	0	0	0	0	0	0	1	0	0	3
	アンビシャス	0	0	0	0	0	2	0	0	0	2
福証（本則）		0	0	2	0	0	0	0	0	0	2
本則市場計		3	6	11	4	7	1	3	7	2	44
新興市場計		2	3	5	5	10	7	6	3	3	44
年度別計		5	9	16	9	17	8	9	10	5	88

（注）1　個人による虚偽記載は含まない（図表1-6及び図表1-7において同じ）。
　　　2　複数の市場に上場している違反行為者があるため，本表における合計数と実際の勧告件数は一致しない。
　　　3　平成25年7月16日，東証と大証の現物市場が統合された。なお，平成25年7月15日以前に勧告を行った違反行為者について，東証1部と大証1部に上場していた場合には「東証1部」の欄に2件，「うち旧大証1部」の欄に1件と表示している（東証2部と大証2部に上場していた場合も同様）。
出所：金融商品取引法における課徴金事例集～開示規制違反編～（5頁）　平成26年8月証券取引等監視委員会事務局を一部修正

くなっているのではないかと考えております。

松　澤　業種別で見ると「情報・通信業」，「サービス業」，「卸売業」というのが多いですね（**図表1-6**）。

広　瀬　「情報・通信業」，「サービス業」に属する上場会社の割合を市場別に見ると，本則市場では全上場会社に占める割合は10％程度ですが，ジャスダックでは30％程度，マザーズですと50％を超えているという状況にあります。したがいまして，河野さんからご指摘があった背景があるのは事実だと思

◆図表1-6 違反行為者(発行者である会社)の業種別分類◆

(単位:社)

年度	18	19	20	21	22	23	24	25	26	計
情報・通信業	0	4	1	1	4	5	0	2	1	18
サービス業	0	0	1	1	5	1	1	3	1	13
卸売業	0	0	2	3	2	0	3	0	0	10
建設業	2	1	3	0	0	1	0	0	0	7
電気機器	0	1	0	0	2	1	0	1	0	5
小売業	0	2	0	1	0	0	1	1	0	5
機械	0	0	3	0	0	0	0	1	0	4
不動産業	0	0	0	1	0	0	0	0	2	3
食料品	0	0	0	0	1	0	1	0	0	2
倉庫・運輸関連業	0	0	1	0	1	0	0	0	0	2
水産・農林業	0	0	0	0	0	0	0	1	0	1
非鉄金属	0	0	0	0	1	0	0	0	0	1
輸送用機器	0	0	0	1	0	0	0	0	0	1
精密機器	0	0	0	0	0	0	1	0	0	1
証券・商品先物取引業	1	0	0	0	0	0	0	0	0	1
その他金融業	0	0	0	0	0	0	1	0	0	1
年度別計	3	8	11	8	15	8	9	9	4	75

(注)業種の別は,証券コード協議会「業種別分類に関する取扱要領」による。
出所:金融商品取引法における課徴金事例集~開示規制違反編~(6頁) 平成26年8月証券取引等監視委員会事務局

いますが,一方で,「情報・通信業」といういわゆるIT関連やサービス業は,販売の対象物を物理的に特定しにくく,他業種に比べて循環取引等が比較的行われやすいというところがあり,そのような業種が新興市場には多く含まれているということも見逃してはならない点ではないかと考えております。

井 上 開示件数について,業種の特徴というのもありますが,不正による財務諸表に与える影響額もあるのではないでしょうか。例えば,1,000万円か2,000万円の不正であっても,売上高2,000億円規模の会社であれば開示はしない。ところが,経常利益が1億円規模の会社も上場していますので,そのような会社では当然,金額的重要性があります。従業員レベルの不正や,資

産の実在性を欠いたケースなど，金額的重要性の観点から大企業では開示されないことでも，新興市場に上場している小規模の会社であれば開示しなければならない。そのため，件数的には多くなる傾向があると思います。

松　澤　業種別分析においては，会計監査人の立場ではどのようにお考えでしょうか。

井　上　業種別では，確かに製造業であれば現物を確認でき，それなりの金額的な推定もしやすいのですが，サービス業やIT関連の業種は，販売するものがサービスやソフトウェア等の無形物ですから，現物確認が難しい。内部統制のチェック機能で，オーダーメイドのものが結構多いと，金額的に「変だな」と直観的にわかるとは限りませんし，会社内の人間でも販売金額や購入金額に関する相場感を持つことが困難な場合があります。例えば，IT関連だと，開発工数の他への付替え，水増しやキックバックなどの不正が典型ですが，このような不正が多いとわかっていても，なかなか気がつかないことが多いと思います。ですから，内部監査や外部監査の観点からも，このように個別性の高い取引は分析的手続では異常を発見しにくいという特徴があります。

　かつて，ソフトウェアを開発，販売している会社の監査で，取引先の事業規模が売上高数億円程度に比して，1億円もするソフトウェアを納品していたというケースがありました。これは会社の規模から見て異常ではないかと感じ，納入先まで会計監査人が赴いて，コンピュータの画面を開いて本当にそれが動いているのかどうかを確認するという手続をしたことがあります。そのケースではソフトウェアが実際に使用されていたので問題はありませんでしたが，通常の監査では納入先まで会計監査人が乗り込んで行って現物確認することは難しいことが多く，IT関連，特にソフトウェア関連の会社の監査は難しいところがあります。

不正の手口別の分析

松　澤　次に，不正の手口別分析結果について，議論させていただきたいと思

います。不正調査を実施している立場から申し上げると，会計不正では，「売上の架空計上」，「循環取引」，「売上の前倒計上」という売上に関連する不正が多いと思います。その点，監視委の課徴金事例集では，特別利益，特別損失を除くと，売上高が非常に多い結果となっておりますが，この点の分析結果についてご意見をお聞かせください（**図表1-7**）。

河　野　違反行為の科目別の内訳を見ると，課徴金事例集のとおりで，売上高が20件，特別損失・特別利益が24件，資産が21件などとなっています。具体的に，どういった形の手口が多いかと言いますと，売上高においては，架空売上の計上，売上の過大計上や前倒し計上などの手口があります（**図表1-8**）。

　課徴金事例集の内容を簡単にご紹介いたしますと，「特別損失に関する虚偽記載」については，貸倒引当金や減損損失の不計上・過少計上などがあり，「資産に関する虚偽記載」は，のれんやソフトウェアなどの無形固定資産の架空・過大計上，売掛債権の過大計上，棚卸資産の架空・過大計上などがあります。

　「資産の流用」としては，いわゆる不公正ファイナンスにより，経営が悪

◆図表1-7　違反行為の科目別分類◆

(単位：件)

年　度	22	23	24	25	26	計
売上高	7	5	3	2	3	20
売上原価	0	1	1	2	0	4
販売費及び一般管理費	2	1	0	2	0	5
営業外利益又は営業外費用	1	0	0	1	0	2
特別利益又は特別損失	9	6	5	4	0	24
資　産	5	4	4	7	1	21
負　債	0	0	1	1	0	2
純資産	0	0	0	2	1	3
年度別計	24	17	14	21	5	81

(注) 複数の科目にわたる虚偽記載を認定し勧告した事例があるため，本表における合計数と実際の勧告件数は一致しない。
出所：金融商品取引法における課徴金事例集〜開示規制違反編〜（7頁）　平成26年8月証券取引等監視委員会事務局

◆**図表1-8　不適正な会計処理の手法（売上高）**◆

(1) 架空売上の計上，売上の過大計上
- 海外販売子会社において，基幹システム上で架空の受注伝票等を登録することにより，架空の売上を計上した。
- 販売代理店や運送会社に対して，架空の注文書や受領書の作成を依頼するなどにより，架空売上等を計上した。
- 売買取引の実体を伴っていない物品販売契約を締結すること等により架空の売上を計上した。
- 経済実態のないコンサルティング契約を締結して，売上を計上した。
- フランチャイズ権を付与する名目で実体のない取引を行って，売上を計上した。
- 実際には譲り受けていない不良品の棚卸資産を，修理して売り上げたように装って売上を計上した。
- 複数の協力会社との間で，架空のコンサルティング料や匿名組合出資を通じた不正な資金循環取引を行い，売上を計上した。
- 長期請負工事において，工事進行基準により収益認識している建設会社が，実際発生原価を過大に計上し，工事進捗率をかさ上げすることによって，売上を過大に計上した。

(2) 売上の前倒し計上
- 取引先とは交渉中であったにもかかわらず，虚偽の契約書を作成し，売上を前倒して計上した。
- 取引先から預かった印章を用いて虚偽の証憑類を作成し，売上を前倒して計上した。
- 出荷基準により売上を計上している会社が，棚卸資産の出荷前に出荷が完了しているかのように虚偽の運送記録を作成し，売上を前倒して計上した。

(3) 売上の取消し処理の未済
- 毎月の授業料の請求等をもって計上した売上について，期末に未実施の授業数に対応する部分を前受金に振替処理すべきであったにもかかわらず，売上の取消しを行わなかった。
- 注文が取り消されたにもかかわらず，取消し手続を行わなかった。

出所：金融商品取引法における課徴金事例集〜開示規制違反編〜（11頁）　平成26年8月証券取引等監視委員会事務局を一部修正

化した会社からの多額の不透明な資金の流出が往々にして見られ，その際，これを隠すために，無形固定資産などの資産に一旦計上して，しばらくしてから多額の特別損失を計上するものがよくあります。

　最近の不正の手法の傾向については，不適切な会計処理を隠すために，海外子会社や海外ファンドを利用することで不正の手口を複雑化させ，国境を跨ぐことで正確な実態の把握を困難にさせて，不正を表面化させないように

するものがあります。

　また、日本企業の海外進出が拡大する中で、グループ会社全体の内部統制が不十分で、海外子会社などにおいて不適切な会計処理が行われるケース、さらには、経営者や取締役などの会社幹部が主導して不適切な会計が行われるケースがあります。

特に新興企業では、会社幹部の発言力が大きく、管理部門が弱い傾向にありますので、会社幹部に対する牽制が機能していないなど、内部統制上の問題を抱えていることがあります。

　監視委では、開示検査で「市場の公正性・透明性の確保」と「投資者の保護」を目指して取り組んでいますが、最近は特にグローバル化が進んでいますので、海外の証券規制当局との連携を一層強化して、監視力の強化に努めているところです。

松　澤　売上に関する不正が多いということは、不正を実行する原因として売上至上主義の会社が相当多いのかと思います。一方で公認会計士が実施する財務諸表監査及び内部統制監査（以下、「財務諸表監査等」）においては、収益の認識について、不正の可能性を推定して監査手続を実施することが予定されていますが、その点はいかがでしょうか。

井　上　財務諸表監査等で一番の重点項目は、当然、売上とそれに関連する資産（債権・在庫等）です。通常の不正取引であれば、会社自身の内部統制で発見される、あるいは財務諸表監査等の監査手続で発見されることが多いと思います。一番悩ましいのが外部の共謀者が存在する循環取引というケースです。

　財務諸表監査等では、収益の認識について不正の可能性を推定しますが、その検証手続は基本的に試査によるものですから、網羅的に不正売上の有無を検証するというのはなかなか困難です。不正に関する内部通報等があって、

後から見たらわかるというのは当然ですが，一般の方々からは「なぜ，会計監査人が見つけられなかったのか」というお叱りを受けることがあります。これはなかなか難しい問題です。

　会計監査人が頑張って精査をすればいいという話になりますが，それは時間的にもコスト的にも難しいので，基本に立ち返って会社自身の内部統制を充実させて，それをしっかり運用するという形で未然に防止するというのが王道だと思います。

松　澤　小林さん，実際の不正調査の現場では，売上に関する不正というのは多いのでしょうか。

小　林　多いです。特に循環取引，架空取引等が目につきます。循環取引の多くは，取引先と共謀して行われますので，発見するのが難しいケースが多いです。また，「循環取引を行っている」とわかっても，一連の取引の中のどの範囲が循環取引であり，どの範囲が正常取引であるのかを明確に区別できないケース，循環取引が会社へ与えた損害額はいくらであるかを明確にできないケース等，詳細を解明することが困難であるケースも少なくありません。このような不正は，私たち弁護士のみでなく，公認会計士の協力を得て，調査をすることが必要になります。

　一般論としていえば，親会社に比べ子会社の方がコンプライアンス意識が低いことが多いですね。循環取引等に子会社が関与することが多いのは，この意識の差も影響していると思います。

広　瀬　循環取引について，確かに発見するのになかなか難しい部分があるのは我々も理解しております。売上至上主義の会社で売上実績を増やすために取締役自ら会計不正に手を出してしまうこともありますが，事業計画なり，業務目標の達成のプレッシャーを上司から受け，それを達成するために，担当レベルで手を染めてしまうというケースも見受けられます。

　そのときに内部管理体制が形骸化している状況ですと，チェック機能もあまり働かず，伝票操作が簡単にできてしまう。不正リスクの要素である「機会」と「動機」が揃っている状況だと思います。ですから，そこを抑えない

といけないと思います。

松　澤　そうですね。新興企業ですともっと難しいでしょう。

広　瀬　新興企業になってくると，従業員が10人そこそこという会社もあります。そのような会社で社長自らが会計不正に手を染めるケースもありますが，この場合，内部統制は機能せず，コーポレート・ガバナンスの問題になってしまいます。

小　林　上司が部下に対し，とても達成できそうもない目標設定を強要し，通常であれば達成されないであろう目標が達成されたとき，上司は部下の動向に注意を払うことなく，単に「よくやった」で済ませてしまう。このような上司は，部下が不正をすることを明確に認識していたわけではありませんが，不正行為の誘因に関与しているといえます。このような上司の態度を是正するためには，不正調査の際に，その不正が生じた表面的な原因のみでなく，それを誘発した要因等をも特定し，明らかにする必要があります。

不正実行者の特性分析

松　澤　ここで日本公認会計士協会（以下，「会計士協会」）のアンケートがございますので，ご紹介いただければと思います。

井　上　会計士協会は，不正に関する実態調査の目的で公認会計士に対してアンケート調査を行い，不正に遭遇した事例について回答があったものを2014年5月23日に公表しています。

　経営レベルとその不正の関係は，パターンとして「循環取引」によるもの，「資産の実在性」に関するもの，「引当金や負債等」によるもの，「その他」というパターンで，①が管理職でない従業員，②が役員を除く管理職，③が経営トップを除く役員，④が経営トップによるものです（**図表1-9**）。

　結果を見ますと，経営トップ層で多いのが「循環取引」，「引当金や負債等」の未計上ということになります。トップ以外の役員では，「引当金や負債等」の会計処理に関連するものが多いです。それから，役員以外の一般管理職では，「資産の実在性」と「循環取引」「引当金や負債等」。一般従業員では，

◆図表1-9 監査業務と不正等に関する実態調査①◆

回答		不正関与者のレベル					計
		管理職でない従業員	役員を除く管理職	経営トップを除く役員	経営トップ	回答保留	
循環取引等による売上の架空計上	件数	14	39	23	49	3	128
	構成比	10.9%	30.5%	18.0%	38.3%	2.3%	100%
資産の実在性に関するもの	件数	30	72	29	42	3	176
	構成比	17.0%	40.9%	16.5%	23.9%	1.7%	100%
引当金等,負債の未計上・計上金額に関するもの	件数	1	16	16	19	0	52
	構成比	1.9%	30.8%	30.8%	36.5%	0.0%	100%
その他	件数	30	71	20	26	4	151
	構成比	19.9%	47.0%	13.2%	17.2%	2.6%	100%
回答保留	件数	2	5	2	3	9	21
	構成比	9.5%	23.8%	9.5%	14.3%	42.9%	100%
計	件数	82	245	157	198	24	706
	構成比	11.6%	34.7%	22.2%	28.0%	3.4%	100%

質問Ⅲ-5とⅢ-8とのクロス集計（一部抜粋）
「④経営トップ層（支配株主を含む）」が関与する割合は，「循環取引等による売上の架空計上」と「引当金等，負債の未計上・計上金額に関するもの」で相対的に高い。
Ⅲ-4とⅢ-5のクロス集計において，「監査の過程で被監査会社（法人）従業員等による資産の流用・窃用を発見した。」ケースでは，「資産の実在性」を挙げるケースが多く，「売上の架空計上」を挙げるケースが少ないことが示されている。従業員不正と関連性の強い「資産の流用・窃用」との相関関係の強弱が，このような結果につながっていると考えられる。
出所：「「監査業務と不正等に関する実態調査」 平成26年5月23日 日本公認会計士協会」を一部修正

　当然のことながら，「引当金や負債等」に関与するケースはほとんどなく，「その他」が一番多く，次いで「資産の実在性」に関するものという結果です。
　「循環取引」は，ある程度の管理職以上が外部と協力しながらやらないとなかなか実現できないところがあります。それから，「引当金や負債等」の会計処理に関連するものは経理部署が関与しています。今回の回答は，我々が想像していたとおりだったのではないかと思います。
　「外部との協力がある」という質問に対しての「はい」ですが，その中で「循環取引」が62.5％でやはり多いです（図表1-10）。「資産の実在性」や「引

第1部　座談会「不正調査の現状と「不正調査ガイドライン」への期待」

◆図表1-10　監査業務と不正等に関する実態調査②◆

回答		外部との協力の有無				計
		はい	いいえ	よくわからない	回答保留	
循環取引等による売上の架空計上	件数	80	34	13	1	128
	構成比	62.5%	26.6%	10.2%	0.8%	100%
資産の実在性に関するもの	件数	50	110	12	4	176
	構成比	28.4%	62.5%	6.8%	2.3%	100%
引当金等，負債の未計上・計上金額に関するもの	件数	13	35	3	1	52
	構成比	25.0%	67.3%	5.8%	1.9%	100%
その他	件数	48	94	5	4	151
	構成比	31.8%	62.3%	3.3%	2.6%	100%
全体	件数	165	296	26	16	503
	構成比	32.8%	58.8%	5.2%	3.2%	100%

質問Ⅲ-5とⅢ-9とのクロス集計（一部抜粋）
「循環取引等による売上の架空計上」に関しては，外部の協力があるケースが非常に多い。
循環取引に典型的に見られるように，売上の架空計上を行うためには，何らかの外部の協力が必要なケースが多いことを示唆している。
出所：「「監査業務と不正等に関する実態調査」　平成26年5月23日　日本公認会計士協会」を一部修正

当金や負債等」は外部の協力がなくてもできるので，「いいえ」に集中しています。

　不正発覚の経緯に関しては，監査事務所の通報窓口等への「通報」や，メディアによる「報道等」が挙げられています（**図表1-11**）。他に，被監査会社の経営者や監査役とのコミュニケーション，被監査会社の従業員からの相談，上記以外の現場の監査手続，証憑突合，文書の査閲等で見つかったというものがあります。外部の協力等がある不正の発覚については，61.9％が「通報」，76.9％が「報道等」によるもので，外部で発覚したものが多いという結果です。財務諸表監査等の中で見つけたというのはずっと少なくて26.5％という結果になっております。

◆図表1-11　監査業務と不正等に関する実態調査③◆

不正に気付いたきっかけ

回答		外部協力あり	外部協力なし	不明	回答保留	計
監査事務所の通報窓口等への通報	件数	13	8	0	0	21
	構成比	61.9%	38.1%	0.0%	0.0%	100%
報道機関による報道やウェブサイトなどでの噂・情報	件数	10	3	0	0	13
	構成比	76.9%	23.1%	0.0%	0.0%	100%
被監査会社（法人）の経営者、監査役等とのコミュニケーション	件数	39	67	6	2	114
	構成比	34.2%	58.8%	5.3%	1.8%	100%
被監査会社（法人）の従業員からの相談	件数	28	50	6	1	85
	構成比	32.9%	58.8%	7.1%	1.2%	100%
証憑突合、文書の査閲等の上記以外の監査手続	件数	56	142	12	1	211
	構成比	26.5%	67.3%	5.7%	0.5%	100%
回答保留	件数	19	26	2	12	59
	構成比	32.2%	44.1%	3.4%	20.3%	100%
計	件数	165	296	26	16	503
	構成比	32.8%	58.8%	5.2%	3.2%	100%

質問Ⅲ-6とⅢ-9とのクロス集計

事案数は少なく、明確な分析は難しいものの「通報窓口等への通報」や「報道機関の報道等」がきっかけで不正等に気付いたケースでは、「①外部との協力がある」ケースが非常に多い。一つの解釈として、外部との協力があるケースでは、一般的な監査手続による不正等の発見がより困難であり、上記のようなきっかけで監査人が不正等に気付くケースが多いと考えられる。

また、「証憑突合、文書の査閲等の上記以外の監査手続」を不正等に気付くきっかけとしているケースは、「①外部との協力がある」ケースでは少なく（165件中56件：33.9%）、「②外部との協力がない」ケースでは多く（296件中142件：48.0%）なっており、外部との協力がある場合に一般的な監査手続で不正等を発見することの困難さを示唆している。

出所：「「監査業務と不正等に関する実態調査」　平成26年5月23日　日本公認会計士協会」を一部修正

経営者不正

松　澤　整理しますと、循環取引による売上の架空計上というのは、ある程度一定の管理職や役員、経営層が関与しているケースが多く、また、外部の協力を得ているという特徴があると言えますね。上場会社であっても経営者が関与する不正が後を絶ちませんが、これらの要因をどのように分析していますか。

第1部　座談会「不正調査の現状と「不正調査ガイドライン」への期待」

小　林　経営幹部が関与する不正は自分のためではなくて会社のためという意識で行ってしまうことが多いものです。業績をよく見せて，今の自分の地位を守るという自己保身の面を併せもつ場合もありますが，主に会社のためにというものが多いです。

松　澤　市場からのプレッシャーが動機となるのでしょうか。

小　林　それもあるでしょう。旧来的な不正行為は，自分の私腹を肥やそうというものであり，従業員が犯すことが多いといえます。最近は，経営幹部を含め，会社のためにという意識で不正をし，それが次なる不正を生み出すことも少なくありません。

松　澤　経営者不正につき，ご経験からご紹介いただける事例はありますか。

小　林　実際にあった不正案件を1つ紹介します。将来会社のために使う目的で裏金づくりを行っていた会社がありました。

　　　この会社では，この裏金を代表権のある副社長が統括しており，その者の指示で，部下が取引先の協力を得て裏金をつくり，それを会社のために使っていました。ところが，その副社長がその金の一部を，会社のためではなくて自分の懐に入れてしまった。これは見過ごせないということで会社が私に調査を依頼してきたという案件です。この裏金づくりは，会社に必要だということで，経営層も関与し行われていました。そのため，この裏金の一部の私的流用という不正を調査すれば，裏金づくりを含めて，全体の不正，すなわち経営層の不正行為を暴かなければならなくなります。私は，調査依頼を受けるにあたり，依頼者である社長に対し，「あなた自身の不正を暴くことになってもよいか」という確認を取って不正調査をしました。

　　　調査は全取締役を含め多くの幹部からヒアリングを実施するなど徹底して行いましたが，その結果，かなりの数の取締役が裏金づくりに関与し，またはその不正を知っていたということが判明しました。結局，その方々は全員辞任されて，全く関与していなかった平の取締役の方が社長になりました。このような大きな痛みを伴いましたが，この会社では，その後，コンプライアンスをとても重視した立派な経営をするようになりました。

松　澤　そのような事例を含め経営者不正を防止・発見するために，有効な施策や方法はありますでしょうか。

小　林　いくつかありますが，ここでは3つ挙げてお話します。

　1つ目は，内部通報制度の活性化です。多くの会社で，内部通報制度が採用されてからだいぶ経ちますが，いまだに活性化していない会社が少なくありません。その理由は，内部通報しても結局は取り上げられない。特に，経営者不正について内部通報しても，本格的な調査が実施されることは期待できないという，通報者の疑念を払拭できていないからです。内部通報制度を活性化するためには，このような疑念を払拭する努力をすることが不可欠です。

　2つ目は，多くの会社で設置されている執行部に属する監査・調査部門の強化です。ただ，執行部に属する組織であるゆえ，経営者不正を含め執行部門のトップクラスの不正について，十分な調査ができない恐れというものは，常につきまとってしまいます。

　3つ目が，監査役監査の実効性を高めることです。経営者不正を含め，執行部に不正があった場合，監査役がそれに対応するというのが，株式会社のガバナンスの基本です。法律で定められた，このガバナンスのとおりに，監査役が取締役等の執行部の不正に目を光らせ，不正を摘発するということです。

松　澤　経営者不正を抑止するうえで，「監査役の役割の強化」については，昔から様々な議論がされていますが，小林さんのご意見をお聞かせください。

小　林　会計監査人の選任・解任に関する議案内容の決定権を監査役会に与えるなど，監査役監査の実効性を高めようと法改正を含め，種々のことは試みられています。しかし，それらは十分に成功していません。今回の会社法改正でもいろいろ議論がありましたが，これがベストであると皆が納得できるような名案は出されていません。

　しかしながら，私は，今の法律のままでも，監査役監査の実効性を飛躍的に高めることは，可能だと考えています。それは，監査役監査を行う方法を

工夫すればよいのです。具体的にいえば，監査役が外部の専門家に依頼して，執行部の不正に関する調査をさせ，それによって得た調査結果等をもとに，監査役としての監査・調査を行うのです。

これまで，私たちは，ほとんど社長等の執行部から依頼されて調査を実施していましたが，監査役から依頼を受けて行う調査がもっと増えてもよいと思います。監査役の依頼によって，私たち外部の専門家が監査役監査の補助として調査する機会が増えていけば，経営者不正の発覚，ひいては経営者の不正防止・発見につながる大きな力となると思います。

これらのことは，監査役が決断してくれさえすれば，容易にできます。監査役監査の実施方法は監査役の判断に任されています。そのため，外部の専門家に不正調査を依頼することは，監査役の判断のみでできます。また，今の法律でも，そのための費用も，監査役が会社に対して前払い請求できることになっています。外部の専門家は，会社としがらみがありませんので，効果的な調査が期待できます。このように，監査役の依頼による外部専門家の不正調査の実施の件数が増えていくことにより，監査役監査の実効性が高まることが期待できます。

井　上　監査役の話が出ましたが，最近は，昔のお飾り的な監査役はかなり減ったと思います。ただ，なかなか現場に出て手を動かすというのは厳しい。監査役スタッフの充実，そして小林さんがおっしゃったように外部の専門家を雇うというところまでいけば一番いいなと思います。それなりの人手をかけないと実効性のある監査役監査もできない局面が結構あるのではないかと思います。

　監査役は，会計監査人の選任に関する同意について，充実した財務諸表監査等を会計監査人がきちんとやるのかどうかに重点を置かなければなりませ

ん。会社法改正により選任議案を監査役が提出することになりますが，本来の目的としての監査役の同意・選任権について，そもそも何のために監査役に権限と責任を与えたのかというところを，よくご理解いただきたいと思います。

松　澤　現在及び将来において，不正を抑止するために「監査役の役割」というのは大きいということですね。河野さん，これについて何かありますでしょうか。

河　野　やはり内部監査態勢や監査役制度を機能させるというのが，会社が内部統制を進めていく上で重要だと思います。

経営者の誠実性の評価

松　澤　会計監査人が実施する財務諸表監査等においても，意見表明をする上では「経営者の誠実性」が非常に重要だと思いますが，それをふまえて，会計監査人は，どのような監査手続を実施しているのでしょうか。

井　上　「経営者の誠実性」については，監査契約の受嘱の段階から監査手続として検討する項目になっていますが，同じ人間でも，状況が変われば誠実でなくなることがあると思います。例えば，固定資産の減損の判断は，資産を使用している事業の損益等に影響を受けますが，現在の社長が事業部長だったころに起案した事業が5年ほど経ってもなかなか思うようにいかない，というようなものについて他の役員は意見を言いづらい。文句を言いそうなのは外部の会計監査人ぐらいです。立場上，会計監査人が「減損の必要性の有無を検討してくださいよ」と言わざるを得ない。他の役員に聞くと，「そのとおりです」とおっしゃいますが，取締役会や役員会ではあえて検討事項にしないということがあります。従って，役員同士の人間関係も含めて会計監査人としてはある程度把握しておかないといけませんね。

　特に，減損に絡むと事業の将来予測が重要になるので，結構判断が難しいです。どれだけ説得力のある将来計画を積み上げるかを，会計監査人の立場から見ているわけですが，担当役員以外はあまり口出しをしないというのが

多い。執行役員ばかりの取締役会であれば，お互い様なので自分が担当していない事業に関しては，あまり批判的な発言はしないというのがあると思います。

松　澤　会計監査人の立場として，一昔前と変わってきていることはありますか。

井　上　会計監査人としては，以前は十分ではなかったかもしれませんが，今では経営者インタビューに十分に時間をかけて通常の手続として実施するようになりました。会社の経営全般のリスクから始まって，財務諸表への影響等の話題などについてコミュニケーションをする機会が

十分にできているので，その点は財務諸表監査等のレベルアップにつながっているなと思います。ただ，ライバル会社との技術格差など，経営の大事なところはなかなか会計監査人ではわからないことが多いので，他の役員や，監査役で技術系出身の方など，その方面の知見の多い方とのコミュニケーションが大事になります。

　また，オーナー系の会社も上場会社にはまだたくさんあります。このようなタイプの経営者は業績や財務基盤がよければ，よほどのことがない限りその地位を脅かされることはありません。そのため，あまり粉飾決算をしようという動機はあまりないと思います。

　ところが，そうではない一般の経営者の場合は自分の責任になると次の人に替わらなければいけないというので，あまり優秀ではない役員を周りに揃えてイエスマンだけで固めるというような会社も一部あると思います。よって，経営者個人の誠実性だけでなく，役員全体の行動としての誠実性が保たれるかどうかも含めて，会計監査人としてはある程度把握をする必要があると思います。

当局による規制

松　澤　監視委では，経営者不正に対してどのような規制をしているかについて，ご教示ください。

河　野　監視委は，平成4年7月に設立されて今年で23年目になりますが，課徴金制度は，設立から13年経過した平成17年に導入されました。

　この課徴金制度が導入されるまでは，開示書類の虚偽記載について，監視委としては，犯則事件として告発して刑事訴追を求めるしか出口がなかったわけです。刑事裁判では当局側が違反行為を立証することになるので，証拠収集などに多大な時間と労力を要していました。おのずと，刑事告発する事案は，悪質・重大なものに限らざるを得ない状況でした。

　こうした中，平成17年に「課徴金制度」が導入され，課徴金という行政罰で処理できることになり，刑事裁判ほど厳格な立証が求められることがないため，迅速・効率的に開示検査が実施できるようになりました。これによって，正確な企業情報が適正・公平に市場に提供されるよう，上場会社に開示書類の訂正を求められるようになったことが一番重要なところだと思います。

　国税で例えてみますと，マルサで知られる査察調査に相当する権限は従来から監視委にありましたが，ようやく課徴金制度が導入されて，一般の税務調査に相当する権限が与えられたと理解していただければと思います。課徴金制度の導入当初は，開示書類の虚偽記載だけが対象でしたが，その後平成20年12月には開示書類の不提出や公開買付届出書・大量保有報告書の虚偽記載・不提出などに対しても権限が拡大されました。平成25年9月からは虚偽開示書類の提出に加担する外部協力者に対しても課徴金を課すようになっています。

松　澤　ありがとうございます。証券取引所においても自主規制として「独立役員制度」があると思いますが，簡単にご紹介いただければと思います。

広　瀬　東京証券取引所では，一般株主の利益保護の重要性を踏まえ，一般株主と利益相反の生じるおそれのない社外役員，つまり独立役員を1名以上確

保することを求めています。加えて，本年2月には，取締役である独立役員を少なくても1名以上確保するよう努めることを上場会社に対して求めています。この独立役員には，一般株主の利益保護を踏まえた行動をとることが期待され，その1つとして会計不正に対するチェック機能も期待されているのだろうと思います。

　例えば，社長に対し他の役員が意見しづらいような状況の中で，独立した立場で，社長にストップをかけられるというような体制をつくるというのは重要なことだろうと思います。

　また，会計不正の疑義が生じた場合に，独立役員に第三者委員会のメンバーの選任や調査範囲について意見を求めるというのも有効ではないかと考えます。特に，不正に経営層が関与しているときなら，なおさらのことではないでしょうか。

会計不正以外の不正の実態

松澤　会計不正以外では，上場会社ではどのような不正が多いのでしょうか。

小林　例えば，個人情報・企業機密の漏洩，インサイダー取引，談合，外国公務員を含む公務員への贈賄，データ改ざん，偽装表示，パワハラ・セクハラ，反社会的勢力との関係等いろいろです。

　また，最近では，少し特殊ですが，研究不正についても調査を行う機会が増えています。調査委員会の活動範囲が広がり，不正調査について私たち弁護士に求められているニーズが広くなっていると強く感じています。

河野　近年，市場では架空増資などの株式発行過程における不適切な行為と，流通市場における「風説の流布」などの不適切な行為が，複合的に行われる不公正取引の事案が見られ，監視委ではこれを「不公正ファイナンス」と言っております。

　経営不振で資金繰りが困難になった会社や，債務超過などで上場廃止基準に抵触した企業などに，アレンジャーと言われる輩が近づいてきて，「第三者割当増資で資金を調達できますよ」といったうまい話を持ってきます。会

社がその話に飛びつくと，実際には架空増資や，価値がない不動産などを現物出資することによって，正体不明の者が新株式を取得します。そして，その取得した株式を，流通市場で「これで債務超過が解消されましたよ」といった嘘の情報を流しながら売却して不当な利益を得るというものです。

　実際に増資がされたケースでも，大量に新株式が発行されますので，会社にとって好ましくない者が支配権を握り，その後に会社の資金を外部に不正に投融資したりして社外に流出させるケースも見られます。結局，その会社は増資資金を手に入れることができないだけでなく，社内の資金がむしろ外部に流出し，大量の新株式の発行で希薄化して株価が下がることとなり，さらに悪い状態に追い込まれることになります。

　「不公正ファイナンス」に対して，監視委としては，この一連の行為全体に偽計罪を適用して対応してきており，これまで7件の刑事告発と1件の課徴金納付命令勧告を行っています。

広瀬　「不公正ファイナンス」については，監視委同様，かなり注意を払っているところです。平成26年8月26日に，「エクイティ・ファイナンスの品質向上に向けて」というエクイティ・ファイナンスを行う際の原理原則（プリンシプル）を公表（平成26年8月27日よりパブリックコメントを募集し，同年10月1日に内容を確定している。）しています。

　「不公正ファイナンス」を規制すべく，東京証券取引所でも一定のルールは設けておりますが，なかなかルールだけでは補足しきれないところもありますので，ルールに加えエクイティ・ファイナンスを実施する際の原理原則を上場会社や市場関係者みんなで共有することによって，「不公正ファイナンス」を，減らしていけばいいのではないかと思うのです。

　このプリンシプルでは，①ファイナンスが企業価値の向上に資するのか，

②既存の株主の利益を不当に損なうようなことになっていないか，③市場の公平性・信頼性に疑いを生じさせないか，④適時開示等で透明性が確保できているかどうか，といった4点を掲げております。一般株主の利益保護に配慮している会社からすれば当たり前の観点ばかりということになると思いますが，今河野さんからご指摘のあったような案件も含め，これが充足できていない事例があるのは事実です。

　先ほどもお話がありましたが，ファイナンスで調達した資金を結局，外部に流出させる。例えば，新規事業への投資として調達した資金が，結局，「新規事業がうまくいきませんでした」と言って特別損失を計上し，支出先も不明瞭になっている，という事案もあります。

　企業価値の向上に資さない，株主に不当な損害を与えるようなファイナンスを市場として許容しないため，このプリンシプルを公表し，上場会社や証券会社，公認会計士，弁護士，コンサルタントなどの関係者が共有をすることによって，いわば市場関係者全体で，「不公正ファイナンス」を排除する土壌をつくっていきたいと考えています。新しい試みではありますが，効果が出ることを期待しているところです。

公認会計士の能力

松　澤　会計不正以外の不正においては，公認会計士が実施する財務諸表監査等に影響がないというような誤った認識があるように思うのですが，この点，会計監査人としてはいかがでしょうか。

井　上　粉飾決算でない不正は，すぐに財務諸表に与える影響はありませんが，情報漏洩や，食品偽装などの問題はすぐに翌期の財務報告にも影響が及ぶでしょう。そのような経営リスク全体としての観点から会計監査人としては特に注意をするべきです。修正後発事象とか，開示後発事象などがありますが，どちらに分類するか，あるいは適時開示の問題も結構神経を使う業務になります。

松　澤　公認会計士としての能力に少し言及させていただくと，公認会計士は

その職務上，様々な会社の内部統制に精通しています。つまり，会社により異なる内部統制において，ある会社のどこに調査対象となる情報や証跡が残っているかが推定できるという能力を持っています。

また，公認会計士はその職務上，様々なビジネスの取引記録に精通しています。つまり，会社により異なるビジネスにおいて，ある経済事象ではどのような取引記録がなされるべきかわかります。よって，経済事象と異なる取引記録がなされた場合，そこに不正の有無が推定でき，また，逆に取引記録からあるべき経済事象を推定できるという能力を持っています。

このような能力は，会計不正以外にも非常に役立つ能力ですので，私のように公認会計士が会計不正以外の不正調査も実施することが今後も増えてくるのではないかと考えております。

テーマ1は上場会社を主に議論を対象とさせていただきましたが，上場会社以外の非上場会社や行政組織，公益法人，教育機関などの非営利法人でも不正が実行されています（**図表1-12**）。不正が発覚した組織は，「不正調査ガイドライン」を参考していただき有効な不正調査を実施していただきたいと思います。

第1部 座談会「不正調査の現状と「不正調査ガイドライン」への期待」

◆図表1-12 非上場企業・非営利法人等の不正の典型例◆

法人形態	A. 不正な財務報告	B. 資産の流用	C. その他
非上場会社	【利益の過大計上】 ・売上の前倒し計上，売上の架空計上 ・費用の先送り，費用の未計上 ・資産の評価替え，資産の架空計上 ・負債の未計上 【利益の過少計上】（課税逃れ）	・横領・着服 ・使途不明金 ・経営者による会社の私物化	・利益相反 ・機密情報の漏えい
政府（省庁）・地方公共団体	・利益の不正な操作 ・滞納繰越額の不正な圧縮 ・赤字額の隠蔽	・タクシーチケットの不正使用 ・残業代・旅費の不当請求等 ・横領・着服	・資金の不正なプール ・預け金，翌年度納入 ・旅費等の架空請求による裏金作り ・官製談合 ・利益相反（収賄）
NPO法人・独立行政法人・社団法人・財団法人他	・経費（支出）の過大計上 ・経費（支出）の目的外使用	・経理担当者による横領 ・役員による利益相反 ・長期のずさんな資金管理による不明金	・補助金対象経費の過大計上による補助金不正受給
学校法人・国立大学法人	・借入金を寄付金に見せかけて設置申請（見せ金） ・バックマージンを「寄付」として処理	・実態のないアルバイト賃金を不正請求（研究費の流用） ・横領・着服	・公的研究費の預け金，翌年度納入 ・空き地を校地と偽って申告（固定資産税等逃れ） ・当局等への虚偽の申請
社会福祉法人・医療法人・宗教法人・協同組合・労働組合・健康保険組合・厚生年金基金他	・寄付金の過大計上 ・人件費の過大計上	・長期のずさんな資金管理による不明金 ・理事会決定を経ない高額役員報酬の支払い ・横領・着服	・勤務実態のない職員に対する補助金不正受給 ・虚偽の申請による補助金や介護給付費の不正受給

出所：経営研究調査会研究報告第43号「非営利組織の不正調査に関する公表事例の分析」（平成22年8月31日　日本公認会計士協会）をもとに，日本公認会計士協会　経営研究調査会　不正調査専門部会が作成

テーマ2
不正調査の現状

松澤 民間で実施する不正調査の現状について，具体的な事例を用いながら「不正調査ガイドライン」に沿うような形で議論させていただければと思います。また，規制当局の調査と異なる点があればご指摘いただいて議論をしたいと思います。不正事例をご用意させていただきました（**図表2-1**）。

◆図表2-1　不正事例◆

上場企業であるＰ社は，下記の事業を営んでいる。
　　Ｘ事業＝精密機器製造業
　　Ｙ事業＝ソフトウェア制作業
　　Ｚ事業＝物流業
当該Ｐ社のＸ事業を営む子会社であるＡ社の取締役甲氏が関与して下記の不正を実行していると内部通報があった。Ｐ社は，内部の事前調査の結果ほぼ通報内容が真実である可能性が高いため，監査法人を訪問して事情を説明した。その後，監査法人より，Ｐ社に対し第三者委員会の設立を要請，調査を開始した。その結果，Ｐ社の過去の有価証券報告書を大幅に訂正する事態となり，証券市場を混乱させるに至った。

不正内容①
Ｍ社が，自社の資金繰りのためにＡ社との間にもう１社介在させた上で取引を行い，さらに，Ｍ社は，Ａ社の販売先より商品を買い戻して循環取引を行い，売上高を水増ししていた。

不正内容②
Ｍ社→Ａ社→Ｎ社を商流とする取引で，Ｍ社のＡ社に対する請求伝票には，同一商品，同一数量，同一金額が記載されており，かつ，Ｎ社からＭ社に対し，対象商品を販売していたことから，循環取引を行っていたことがわかった。Ｎ社は，循環取引で得た資金を自社の資金繰りに充てていた。以上のような取引事例に基づく売上債権は，個々には決済されており，循環取引とは認識されずにあった。在庫においては，同一商品が循環していても，仕入計上口が新しくなるたびに，滞留在庫のチェック対象から外れるようになっており，循環取引を発見することができなかった。

出所：日本公認会計士協会　経営研究調査会　不正調査専門部会が作成

第1部　座談会「不正調査の現状と「不正調査ガイドライン」への期待」

不正調査業務の受嘱

松　澤　本事例にあるように，不正が発覚した会社から弁護士や公認会計士等に第三者委員会の委員の就任要請がある場合や，不正調査の実施の依頼がある場合に，どのような点に留意して受嘱すべきかについて，実際にトラブルになりそうな事案を交えながら教えていただければと思います。

小　林　調査の依頼を受けたときに気をつけなければいけないことはいくつもありますが，そのうちの2点をお話します。

　1点目は，調査の目的をどう決めるかという点であり，2点目は調査主体をどうするか，という点です。

　1点目について，目的の範囲を明確に定めないと，依頼した会社が想定した調査目的についての調査が行われずに，逆に想定していない事項についての調査が実施されてしまうという事態が生じます。このような調査が行われた場合，たとえ調査委員会が自信満々に，「これが調査結果です」と言ってきても，依頼した会社が不満をもつのは当然です。依頼会社から見ると，依頼した事項について，本当は調査委員会の能力不足で事実の解明ができなかったのに「解明ができませんでした」というわけにはいかないために，調査委員会が勝手に調査しやすい内容に調査目的を変えてしまったのではないかとの疑念をもつことにもなりかねません。依頼を受けたときに，調査の目的を明確に定める必要があります。

　次の点は，調査の主体の問題です。この設例では，調査委員会の名称を「第三者委員会」としています。この「第三者委員会」という名称の意味も曖昧です。第三者とは，当事者以外の者を指す用語ですので，社外の者で構成されている調査委員会であれば，「第三者委員会」といってもよいことになります。但し，単に「第三者委員会」というと，日弁連で定めたガイドラインに準拠する日弁連ガイドライン型調査委員会を意味すると誤解する人がいます。上記のガイドラインには，通常，依頼会社が想定していないと思われる事項も規定されていますので，もし，依頼会社が日弁連ガイドライン型の調

査委員会を設置するのであれば，そのガイドラインの内容をしっかり読んで，十分に納得してから依頼すべきです。そうしないと，後日，依頼会社は不満をもつことになりかねません。

　危機対応が生じた初期の段階では，会社には，被害拡大の防止などの緊急是正措置，顧客対応，行政機関対応，公権力の捜査・調査対応，広報対応等，種々の緊急対応，いわゆる初動対応が求められます。この初動対応を行っている最中に調査委員会を設置するのでしたら，会社が行うこれらの初動対応と両立しうる，いや，それに資する形態の調査委員会を設置すべきです。私は，それを危機対応型調査委員会と呼んでいます。会社が不正調査を依頼するケースはいろいろありますので，設置の時期を含め，そのケースに応じて，適切な調査主体の形態を選ぶことが重要です。また，調査委員会との間で，調査委員会へ与える権限等，種々の事項を十分に打ち合わせし，依頼会社と調査委員会との間で合意しておくことも重要です。

松　澤　不正調査の目的を依頼者ときちんと合意しておくことは重要だと思います。その点は，「不正調査ガイドライン」（Ⅱ-1．不正調査業務の目的適合性の検討）にも記載がなされています。本事例の場合，親会社が依頼者となっておりますが，依頼者自身が調査対象となるケースも多々あることから，「依頼者の意向に沿うことに目を奪われ，依頼者からの圧力に屈して不利益な事実の隠蔽を図ること等はしてはならず」，ステークホルダーへの意向も十分に留意して業務を受嘱する旨の記載がなされています。また，場合によっては，不正調査業務の「業務受嘱の辞退を検討する」ことも想定されています。

不正調査の体制

松　澤　「不正調査ガイドライン」（Ⅲ-1．不正調査業務の体制）では，「第三者委員会」が実施する不正調査が全ての場合において優れているというわけではなく，有効な不正調査を実施するために調査体制を選択し組成するという趣旨の記載がされております。本事例の不正調査の調査体制についてご意

見をいただけますか。

小林 調査主体を委員会形式にした場合，報告書の起案権を含めた調査結果の決定権は，委員会がもつことになります。もし委員間で調査結果等についての意見が分かれたときは，委員の過半数の賛成で決することになります。そのため，委員会形式にすればそれだけで依頼者からの独立性を有することになります。

なお，委員会形式を選択するときに，第三者（社外）のメンバーのみで構成するのがよいと言われがちですが，それはケースによると思います。

迅速な調査が必要なときに，第三者のみ，すなわち調査対象事実やその周辺事実についての知識を有するメンバーが1人もいないとなると調査に時間がかかりますし，正確な事実認定ができない恐れもあります。先ほど言いましたように，いろいろなケースに応じて，それぞれに適合した形態の調査主体を選択することが重要ですが，私の経験では，社外と社内のメンバーを混在させながらも，社外のメンバーが主導権を握る調査委員会が，もっと活用されてよいように感じています。

松澤 仮に本事例において監視委が調査をする場合，どのような調査体制で不正調査を実施するのでしょうか。

河野 監視委が行う開示検査には，上場会社の財務諸表を調査して会計処理を検証したり，その裏づけとなる帳票類を確認したり，デジタルフォレンジック（パソコン・サーバー等のデータ又は電子記録を収集・分析する手段や技術の総称）という手法で電子データを分析したり，最後に違反行為に法令を適用するなど様々な調査過程があります。このために，金融庁，財務省，財務局のプロパー職員だけで対応することは困難ですから，それぞれの分野の専門家を受け入れて対応しています。

具体的には，検事，裁判官，弁護士などの法曹関係者，それから公認会計士，金融機関関係者，システムに精通した者などを採用して開示検査に当たっています。開示検査担当者の約3分の1近くがこのような専門家で，チームを構成して開示検査を実施しているというのが現状です。

松　澤　証券取引所ではいかがでしょうか。

広　瀬　日本証券取引所自主規制法人としては，上場会社に対して直接調査をするということは基本的にあまりなく，どういう不正が起こって，その結果財務諸表にどのような影響が出るのかを，経緯も含めてきちんとマーケットに説明，つまり開示してもらうよう会社に要請するという立場です。適切な開示を行ってもらうためには，事の経緯，問題点，訂正の概要，再発防止策などを会社としてきちんと調査，検討して最終的な結論を出してくださいということをお願いしています。

　会社として，なぜそういう調査方法を選んだのか，なぜそういう調査範囲になっているのか，といったことを会社から直接確認し，そこで調査の客観性や十分性等が確保できそうだということであれば，特段，取引所から言うことはありませんが，不十分な部分があれば要請することはあります。

不正調査手続の留意事項

松　澤　「不正調査ガイドライン」（Ⅴ-1. 財務諸表監査と不正調査の比較）には，不正調査は，公認会計士が実施する財務諸表監査とは異なり，「仮説検証アプローチ」を採用するということが記載されております。加えて，不正調査に有効な手続も不正調査ガイドラインに例示されており，違法な手段を用いないで調査を行うべきことも記載されています。不正調査を実施する前段階や，実施する上で法的に留意する点があればご教示ください。

小　林　調査の過程で違法行為があると，調査主体及び依頼した会社のレピュテーションを傷つけることになります。調査は会社の秩序を回復し，失われた信頼を回復するために行うものですから，その調査においては，絶対に違法行為をしてはいけないという意識を常にもつことが必要です。

　調査の対象者は自由権，プライバシー権等の権利をもっています。そのため，調査の過程で，調査対象者のプライバシーを侵害し，又は，行動等の自由を侵害してはいけないのです。調査の必要性と相当性の維持を常に念頭において調査すべきです。

例えば，調査の手法として調査対象者のメールを閲覧することがあります。このようなメール調査の場合，会社の規定では，すべてのメールを自由に閲覧できるとなっていても，このメールを閲覧しなければ調査が進まない等という調査の必要性がある場合に限って閲覧という調査方法をとるべきです。そして，その方法も，不正とは関係しないプライベートなメールを発見したら，それ以上の閲覧はしない等，プライバシー権の重要性を十分に配慮した調査方法を選ぶべきでしょう。

　また，当事者から事情を聞くヒアリングの実施のときも注意が必要です。例えば，ヒアリング時間を2，3時間以内に制限する，ヒアリング対象者が女性であれば立会人に女性を入れるなど，いろいろな配慮が必要となります。

海外での不正調査

松　澤　海外で不正が発覚した場合には現地の法令等を理解した上で不正調査を実施する必要があるのではないかと思います。私も日本企業の海外子会社で発覚した不正の調査を実施したときに個人情報の国外への持ち出しが法令違反に当たると言われ，実際に現地まで赴いて調査をしたという経験があります。少なくとも，EU諸国，中国等ではこのような法令があるようです。海外子会社で不正が発覚した場合には海外の法令等を確認するというのが非常に重要かと思います。

小　林　例えば，アメリカの場合にはディスカバリー（証拠開示）制度がありますので，調査報告書をつくる際には，それへの注意が不可欠です。我々は，海外で調査をする場合には，情報の持ち出しに関する規制を含めて，その国の法制度を確認してから調査を始めるようにしています。

松　澤　規制当局が実施する調査では，海外とどのように連携するのでしょうか。

河　野　これだけクロスボーダー取引が拡大しておりますので，監視委としても海外当局などとの連携を一層強化しています。具体的には，証券監督者国際機構（IOSCO）という国際的な機関があります。これは証券規制の国際

的な調和や規制当局間の相互協力を目指して設けられ，各国・地域から200の機関が加盟しております。このIOSCOで証券規制当局間の多国間情報交換枠組み（MMOU）というのが設けられており，日本はこのMMOUに署名した他の102の海外当局等との間で情報交換ができるようになっています。

　開示検査の過程で海外の情報が必要になったときには，このMMOUを活用して海外当局から情報を入手することが可能です。

インタビューの手法

松　澤　「不正調査ガイドライン」（V-3. 仮説検証のための主な調査手続）にも，インタビューの重要性が記載されております。インタビューは，情報を収集する段階から不正実行者の自白を求める段階まで多岐にわたる重要な手続です。民間の不正調査では，特にインタビューの失敗は，不正調査の失敗となってしまいます。何かコツやノウハウがあればご教示いただけますか。

小　林　不正行為者を自白させることは，調査を進展させるために極めて重要なことです。捜査機関のように強制捜査権をもたない調査委員会が客観証拠を集めると言っても限界がありますし，手間もかかります。不正を行った本人からその具体的な内容を聞くことが，不正行為の詳細を知る早道であり，確実な方法です。

　不正に関与した者へのヒアリングは，初回が極めて重要です。初回のヒアリングで自白させることに失敗すると，2回目以降は自白させるのが極めて困難となります。そのために，十分にこちらの準備を整えてから初回のヒアリングを行うべきです。

　上手に自白させる能力は，調査主体の能力の1つでもあり，私たちもその能力向上に日々努めています。そのノウハウはいくつかありますが，そのうちの1つをお話します。

　自白させることは，ポーカーゲームで相手を降ろさせることに似ています。時にはブラフを使って，相手が降りるように仕向けるのです。相手に，否認してもこちらの手持ち証拠のみで不正行為の詳細を解明できると思わせるこ

とに成功すれば，相手は，嘘をつき続ける，すなわち否認し続けることが無意味であることを悟り，真実を話すようになります。

松澤　失敗した場合もあるのでしょうか。

小林　経験のない人がやると失敗します。私たち専門家に不正調査の依頼をする前に，社内の人が既にヒアリングを実施してしまっている場合があります。社内の人がヒアリングをすると，しばしば，持っている証拠をすべて見せて，「こうなっていますけど，どうですか」という聞き方をしてしまいます。これはポーカーゲームでこちらの手札を相手にすべて見せた上で勝負をしているようなものです。相手が調査側の手持ち証拠のすべてを知ると，相手はこれらの証拠に矛盾しない内容で，自身の不正を隠すストーリーをつくりあげ，それに沿って供述してきます。そのため，その後に私たちがヒアリングをしても，このストーリーを覆すのが困難になり，なかなか自白させることはできなくなるのです。

そういう意味からも，社内の人が不正行為者にヒアリングするのは，よくタイミングを見て行ってほしいですし，私たち専門家に依頼するのであれば，早めに頼んでほしいと思います。

松澤　監視委ではいかがでしょうか。

河野　会計不正が行われているときは，大体，オモテの帳簿はきれいに整っていて，それを見ただけでは，まず不正は発見できないというのが実情です。我々は，まず，会計処理をする前の資料や銀行調査で資金の流れなどを確認していくことになります。ただ，それだけでは必ずしも全部の証拠は揃いません。そこで埋まらなかったところをヒアリングで聞いて調書として証拠化していくというのが基本になっています。

調査対象範囲の特定

松澤　上場会社で粉飾等が行われると，決算発表等の前に調査を終了させることも必要となります。このように時間的制約がある中で不正調査の範囲を決定するというのも重要な事項だと思います。本事例の会社の資本関連図を

◆図表2-2 本事例における資本関連図◆

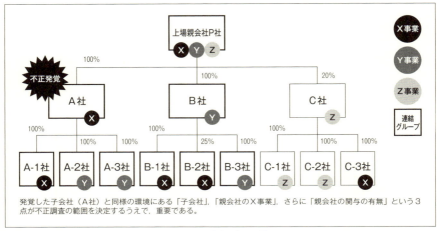

発覚した子会社（A社）と同様の環境にある「子会社」、「親会社のX事業」、さらに「親会社の関与の有無」という3点が不正調査の範囲を決定するうえで、重要である。

出所：日本公認会計士協会　経営研究調査会　不正調査専門部会が作成

用意しました（**図表2-2**）。

松　澤　不正が発覚したA社とは不正調査の深度自体は異なりますが、当該「A社と同一環境にある親会社及び子会社」、「親会社におけるA社不正の関与の有無」を勘案して調査範囲を決定すべきと思います。この状況で調査範囲、対象範囲を決めるに当たって考慮すべき事項があれば、ご教示いただければと思います。

小　林　簡単にはお答えしづらい質問ですね。本事例（**図表2-1**）は循環取引ですので、おそらくM社とN社は不正を知って協力しています。そこで、M社とN社の取引にフォーカスして、まず各社がM社やN社と取引をしているかを確認して、もし取引していれば、そこを対象とすべきだと思います。

松　澤　共謀関係にあったM社及びN社と取引関係があれば、B社やB社の子会社も調査するということですね。

小　林　そうですね。循環取引であることを認識して協力しているのであれば、他社との間でも同じような取引を行っている可能性はかなりあると思います。

松　澤　会計監査人の立場からは、このP社の連結財務諸表に監査意見を表明

しなければいけませんが，調査範囲をどのように考えたらよいでしょうか。

井　上　会計監査人の立場からは，決算発表や監査報告書提出日までに影響額が確定するかどうかが一番気になります。他にも同種の不正があるかどうか調査をしないといけない。その網羅性の確保にかなり時間がかかるかもしれないということです。

　内容によっては海外子会社でも同様の不正がないかも調査をしなければいけないので，グローバルベースで海外の監査チームへ追加のインストラクションを出す必要も出てきます。スコープ（監査対象範囲）をかなり広げることになります。

　過年度の財務諸表を訂正するとともに内部統制報告書も，訂正を行う例が実際にあります。残念なことでありますが，そのような場合は大概，内部統制の不備の改善が直近の期末時点ではまだ未了という内部統制報告書を出し直している上場会社です。

松　澤　第三者委員会の調査が実施され，連結財務諸表監査の観点から企業及び会計監査人が再点検するという補完関係になっているということでしょうか。

井　上　加えて，第三者委員会の報告内容を正しいと判断するか否かも，会計監査人の立場から再評価しています。

河　野　開示検査の立場からは，とにかく正確な会社情報を適正に公平に市場に提供することが最も重要です。A社で不正があったのであれば，その取引先，特にX事業で不正があったということであれば，B社の子会社についても見るのではないかと考えます。

　客観的な事実認定をすることが重要ですので，まず不正がありそうなところを見ていく。例えば，B社の子会社で不正がないことを確認できれば，C社までは20％しか資本関係がないので対象とされないでしょう。しかし，B社の子会社で不正があれば，C社まで広げなければならないと思います。

　外部の専門家による調査は，開示書類の提出期限の関係で時間が限られていますから，限られた時間でどこまでやるかは，個々の事案ごとに考えて対

応していくしかないかなと思います。

井　上　財務諸表監査等では，原因追究の時間がなくても棚卸資産や売上債権の実在性や回収可能性を検討し，不正による累積的影響額をまず把握します。過去に遡り，何年度に帰属するかは後から検証し，まず貸借対照表から固めるというのが一般的だと思います。

河　野　原因分析よりは，まず客観的事実を固めてもらうというのが，限られた時間の中で一番重要になると思います。

広　瀬　会社が第三者委員会に委託する調査の範囲の評価という点からすると，当然X事業というところがポイントになると思います。もう1つY事業がソフトウェア事業だというのがちょっと気になるところです。

　精密機器で循環取引が行われているのだから，ソフトウェアでも行われているのではないかという疑義があるとも考えられます。そこは，第三者委員会や会社がどういう判断でそのスコープにしたのかという理由も含めて評価することになると思います。

調査結果の評価

松　澤　不正調査の実施の最後に，不正調査の結果を評価しなければいけません。この「事実認定」という作業は非常に重要ですが，この点についてご意見をいただけますでしょうか。

小　林　不正調査の実施後，それを基に不正行為者の責任，またはその監督者の責任等を問うことも少なくありません。この場合の責任は3つに分けて考えるべきです。①民事上の責任，②刑事上の責任，③懲戒上の責任です。調査の結果に照らして3つの責任を会社が問う場合，最終的にそれが正しいかどうかを決するのは裁判所の判断ということになります。そうであれば，調査報告における「事実認定」も，裁判所が「事実認定」するレベルと同程度にすべきだと考えています。

　裁判所が「事実認定」をするのは「高度の蓋然性」があるとの心証を得た場合であると言われています。平たくいえば，10人中8～9人がそうだろう

と考えるレベル，それが「事実認定」のレベルだろうと思います。

松　澤　私も不正調査を実施する責任者や，調査委員の立場で，複数回不正調査の実施状況等を規制当局からヒアリングを受けた経験があります。規制当局がどのような目的でヒアリングを実施しているのかお聞かせいただければと思います。

河　野　開示検査は，法令に認められた正当な権限の行使ですが，やはり検査対象先の理解と協力がないとなかなかうまく検査ができません。監視委は，開示検査の実施手続や情報管理などを定めた「開示検査に関する基本指針」を作成して公表しております。

　職員はこれを遵守するようにということでやっていますが，この基本指針の中で，外部調査委員会の取扱いについて記載しています。「検査対象先が，不適正な会計処理等の疑義について，外部調査委員会を設置して調査した場合は，その調査資料や調査結果等を開示検査の事実認定において判断材料とすることができる。」としています。「ただし，外部調査委員会の独立性，中立性，専門性及び調査手法の有用性・客観性を十分検証した上で，（調査結果に）合理性が認められた場合に限る。」と規定しています。したがって，ヒアリングは，外部調査委員会の調査がどれくらい深度があるか，会社の言いなりになって調査していないか，調査結果に合理性が認められるかを判断するために実施しているものです。

松　澤　証券取引所では，いかがですか。

広　瀬　取引所自主規制法人においても，調査委員会の委員の方にもお話を伺いながら「事実認定」をしていくというステップを踏んでいます。

公表のタイミング

松　澤　本事例の場合，どのタイミングで適時開示するということが想定できますか。

広　瀬　タイミングは4回あると思います。

　1回目は内部の事前調査の結果，ほぼ通報内容が真実である可能性が高い

と判断した時点だと思います。ここでは，どの程度熟成された情報なのか，どの程度の確度の高さなのかによって判断します。相当程度高いというレベルであれば，ここで一回開示することになると思います。

　2回目は，第三者委員会を設置することを決めた時点。

　3回目が調査委員会の結果が出た時点。

　4回目は訂正報告書の提出時です。

　当然，途中で中間報告が出たり，あるいは第三者委員会の委員が決まったときに開示したり，いろいろなバリエーションがあると思いますが，基本的にはこの4つがポイントになると思います。

松　澤　監視委としては，ご意見はありますか。

河　野　監視委としては，投資家の判断に影響を及ぼすような重要な企業情報については，正確な情報を遅滞なく過不足なく開示していただくということが一番重要です。不確かな情報で開示されると，かえって市場の混乱を招くおそれもあるでしょう。逆に，訂正すべき重要な情報があるのに開示しないままにしておくと，投資者保護の観点から問題でしょう。また，インサイダー取引を誘発することもありますので，重要な企業情報が判明した時点で遅滞なく正確に適時開示することが重要だと思います。

松　澤　本事例では事前調査の結果が出た時点で監査法人を訪問しています。この会計監査人への相談タイミングにつきご意見ありますか。

井　上　会計監査人は，守秘義務がありますので事前調査チームのメンバーと会社との契約がどうなっているかを確認します。その上で，会計監査人は，会社の業務フローを熟知していますので，その情報を提供するとともに調査チームのほうから「こういうことがわかってきた」という情報をもらって，監査上の手続に反映させ，場合によっては連携して監査の迅速化を図る局面もあるかと思います。

再発防止策

松　澤　不正の発生した要因を分析した上で再発防止策を策定して実施してい

くわけですが，本事例では，第三者委員会が行った要因分析と再発防止策というところが調査報告書に載っていると仮定しています（**図表2-3**）。まず，会計監査人は，本事例の要因分析及び再発防止策をどのように評価するのでしょうか。

井上　この再発防止策では，業務プロセス等の内部統制に関する指摘をされています。その前に全社的な内部統制，すなわち，不正が発生しないようにする経営者の姿勢やガバナンスを含めての再発防止策が求められると思います。また，監査役のやるべき仕事を充実させることや内部監査体制の充実が，再発防止策には不足していると思います。内部通報体制の整備も必要かと思います。

◆図表2-3　本事例における要因分析と再発防止策◆

要因分析	再発防止策
・経営方針が売上高至上主義であったために，売上高拡大のために循環取引を行っていた。 ・不正取引が，担当取締役からの指示で行われ，担当者は取引内容を疑うことなく事務的に処理していた。 ・取引ごとの品名，数量，単価のチェックをせず，また，個々の取引における売買契約書や伝票を作成しないなど管理体制が不十分であった。 ・債権管理や，在庫管理は表面的な管理に終始しており，内部牽制機能が不十分であった。 ・他の子会社や事業部には口を出さないという風潮があり，取締役相互間の監視，取締役会における業務執行監督機能が不十分であった。 ・取締役に権力が集中し，管理面で取締役に具申することはなかった。 ・人事が固定化していた。	・取引開始基準の厳格化 ・売上計上基準の変更 ・取引の事後審査機能の強化 ・内部牽制機能の強化 ・業務システムの抜本的な改新 ・長期滞留人事の解消

出所：日本公認会計士協会　経営研究調査会　不正調査専門部会が作成

小　林　通常，調査報告書には再発防止策の提言という形で記載しますが，それは不正の発生要因に則したものであるべきです。一般的な再発防止策は，詳細に調査しなくても記載することが可能ですが，それは真に実効性をもつ再発防止策とは言えません。調査で詳細な事実認定をし，根本的な要因を分析して，その上でそれに則した再発防止策を検討する。このようなプロセスを経て作成した再発防止策を提言すべきです。今，井上さんからもお話があった抜本的なガバナンス上の改善策もこのようなプロセスで得たものであるべきだと思います。

　不正発生の要因を突き詰めていくには，やはり誰が，どの段階で，どうすればこの不正を防ぐことができたのかを詳細に調査することが必要です。これは，当事者の義務違反の認定と密接に関連します。ここまでやることにより，真の要因を解明し，実効性をもつ再発防止策を作成することができると思います。

松　澤　責任論の観点からは，不正に関与した甲氏と，上場親会社の監督責任というのもあるかも知れません。監査役も，取締役の監視という意味では責任があるかも知れません。不正の事実を知っていて通報義務を怠った者も責任が問われるケースというのがあるのでしょうか。

小　林　あります。薄々知っていたけれど，その者が上司であったので，会社へ不正を知らせることができなかったという弁解は，実際に調査を行った際にもよく聞きます。しかし，このような態度は許されません。不正があることを知り，その不正が会社に損害を及ぼす可能性があるものであれば，それを防止するのが従業員としての義務です。もし上司がその不正に関わっていても，その上司以外の幹部，またはコンプライアンス部門に連絡すべきです。

　調査は，このような点まで突き詰めていって初めて根本的要因を解明し，実効性のある再発防止策を提言できるのだと思います。

松　澤　証券取引所としては，ご意見ありますか。

広　瀬　会社に対し改善報告書の提出を求める場合があって，そのときには改善策を記載いただくことになりますが，これはまさに小林さんがおっしゃっ

たように，会社が「なぜこんなことが起こったのか」という問題点をしっかり認識していないと改善策をつくれるわけがありません。

ですから，きっちり会社が問題点を認識できているかどうかをまず確認して，それに合った改善策となっているか，確認していくことになります。しかも，その改善策は先ほど小林さんがおっしゃったように，どの会社も似たような部分はありますが，他の会社のものをそのまま持ってくるようなことでは，実効性に疑問符がついてしまいます。事案の経緯や会社の規模や業種，業態によって改善策は異なる部分が出てくるはずですので，「あの会社にはできる再発防止策であっても，貴社ではできないでしょう」というのがあります。

なお，証券取引所の制度としては，改善報告書を出した後，6ヵ月後に「改善状況報告書」というのを再度出してもらって，きちんとできているかどうか確認しています。

会計士と弁護士の協働

松　澤　有効な不正調査を実施するためには，弁護士と公認会計士が協働して不正調査を実施する必要もあると思いますが，両者が協働する上でポイントがあれば教えていただけますか。

小　林　私も調査はいろいろやりましたが，公認会計士と組んでやるケースが多いですね。

不正というのは，何らかの意味で金に絡む問題が非常に多いです。直接絡む会計不正はもちろんですが，それ以外のケースでも，金目当てに不正をするという，動機として金が絡むケースも少なくありません。何らかの意味で金が絡む案件の場合，公認会計士の方と協働で調査するのが有効だと思います。

調査委員会のメンバーの中心が弁護士であることが多いのは，いくつかの理由がありますが，そのうちから3点挙げてみます。

1点目が，ヒアリングです。ヒアリングを上手に行うのは，ある種のテク

ニックが必要です。私たち弁護士は、弁護士業務として刑事事件も扱っていて、捜査当局の取り調べのテクニックを経験的に学んでいます。

　2点目が、事実認定です。調査の結果、事実を認定するには、先ほど言いましたように、裁判所の事実認定と類似した手法が必要になりますので、これも日頃、裁判所の事実認定を目にしている弁護士が得意とするところです。

　3点目が、法的責任の分析です。最終的には、会社は不正行為者に対し、調査報告を基に、先ほど言った民事、刑事、懲戒上の3つの責任を追及することになりますので、この不正にはどういう責任が生ずるかという分析が必要です。

　今お話したヒアリングの仕方と事実認定の仕方については、経験を積んでいけば能力は向上していくものです。弁護士ではなくて公認会計士であっても、不正調査を数多く経験していけば、困難な調査も円滑に行うことができるようになると思います。

テーマ3
不正と戦う全ての人へ

松　澤　「不正と戦う全ての人へ」という抽象的で大きいテーマでございますが，最後に一言ずつご意見いただければと思います。

河　野　会社情報というのは，投資者が企業の株式・債券などへの投資判断する上で基本となる重要な情報ですから，その会社情報が適切に開示されていない，虚偽の会社情報が開示されていたということになると，株価の形成が歪められて投資者が不測の損失を被ることにもなりかねません。また，市場のグローバル化が進展する中で，海外からも「日本市場が不公正，不透明」と見られることにもなりかねません。

　このため，上場会社の皆様には，日頃から不正が起こりにくい内部管理態勢を築いていただいて，違反行為の未然防止を図っていただき，万一，不正が生じたときには外部調査委員会を設置して調査をしていただくなど，自律的に正しい会社情報を迅速に市場に提供していただくよう取り組んでいただきたいと思います。

広　瀬　まさに正確な情報が適切に開示されるという観点からすると，まず不正が起きないように未然に防ぐというのが重要ですが，それには会社の体制構築はもちろんのことですが，あわせて，会計監査人の十分な能力の発揮のためにも，会計監査人が監査役，内部管理部門，あるいは独立取締役とうまく連携を図っていくことも重要と考えており，この点については，今後さらに充実されることを期待しています。

　また，実際に会計不正が発覚し調査をすることになったときには，ステークホルダーへの説明責任を全うするために委員会を設置しているのだということを，会社が十分認識することが重要ではないかと考えております。そうすれば，どういう委員がふさわしいのか，どういう調査をすればいいのか，

おのずと答えが出てくると思います。

小　林　小さな不正を見過ごすと，それが大きな不正のきっかけになってしまうというケースが少なくありません。不正調査は面倒だ，困難だなどと思い，小さな不正を見過ごしてはいけません。もし，自社で調査実施が困難であれば，小さな不正であっても外部の専門家を使って，徹底した調査を実施していただきたいと思います。

井　上　会計監査人の立場から言うと，まず不正を起こさないことが重要だと思います。ビジネス環境が刻々と変化する中，普段から不正が起こりにくい組織環境を整備するとともに，マネジメントのガバナンス構造の変化や，従業員の労働環境の変化に対応した取り組みをする必要があると思います。

会計監査人は不正が生じるリスクについて新たな視点から再検討して，先入観を持たずに，フレッシュな気持ちで執行部や監査役との意思疎通を図っていくことが大事だと思います。

不幸にして事件が発覚した場合は，速やかに原因や影響額の調査をするべきと思います。多くの子会社を抱える会社の場合，日常的な内部監査にも，不正調査の技法を取り入れることも役に立つのではないかと思います。

松　澤　不正が発覚すると，それをなぜ防止できなかった，発見できなかったという問題から，そもそも誰に責任があるのか，と取り沙汰されることがあります。法的には，全ての責任は経営者ということになるのでしょうが，内部監査人であったり，監査役であったり，時には会計監査人が俎上に載ってきます。残念ながら，彼らにいくら責任を課しても不正は決してなくなりません。不正調査専門部会では，「不正調査ガイドライン」の作成過程において，「不正」がどのようにしたら低減するのかを一番時間を割いて議論しました。

ある専門委員の発言に，不正の問題は，学校でおきる「いじめ問題」に似ているという話がありました。学校の先生にいくら責任を課しても「いじめ」はなくなりません。

「不正調査ガイドライン」（Ⅰ-2.(3)不正の予防・発見に対するステークホルダーへの期待）では，このような状況を回避するため「企業等の成長や秩

序を阻害する不正をいかにして予防・発見するかは，企業等の特定の部署又は人員のみが考えるのではなく……企業等のステークホルダーの参加の下，全体で取り組む必要がある。」と結論づけました。

　「いじめ」も「不正」も，もし隣の人がその時点でとめていたら……，こんなに大きくならなくて済んだのにという事態だけは回避できるでしょう。さらに，このような姿勢が全体に浸透していたなら「いじめ」も「不正」も発生すらしなかったかもしれません。

　万が一，不幸にして不正が発覚した際は，是非，この「不正調査ガイドライン」を活用し，必要に応じて外部の専門家を利用していただきたいと思います。

　　　　　　　　　　　　　　　　　　　　　　　　　　　　　以　上

※本座談会は，上場会社の不正や不正調査を中心に発言していただいていますが，非上場会社や非営利組織の場合にも参考になるものです。
※発言の中には，「不正調査ガイドライン」で用いているものとは異なる用語も使用されていますが，参加者の発言内容を尊重してそのまま掲載しています。

座談会参加者の略歴

河野　一郎（かわの　いちろう）
　1985年京都大学経済学部卒業，大蔵省入省。2006年金融庁証券取引等監視委員会事務局課徴金・開示検査課長。2011年金融庁検査局総務課長。2012年金融庁証券取引等監視委員会事務局総務課長。2013年財務省中国財務局長。2014年金融庁証券取引等監視委員会事務局次長に就任，現在に至る。

広瀬　英明（ひろせ　ひであき）
　1986年中央大学経済学部卒業，東京証券取引所入所。2001年上場審査部主任上場審査役。2003年上場部課長。2011年東京証券取引所自主規制法人上場審査部統括課長。2014年上場管理部長に就任，現在に至る。

小林　英明（こばやし　ひであき）
　長島・大野・常松法律事務所パートナー。司法試験合格後，早稲田大学法学部を卒業。東京地検検事などを経て弁護士となる。企業をめぐる複雑な民事・商事・刑事事件などを多数扱い，コンプライアンス，危機対応，不祥事対応など，企業に関する法律問題の処理にあたっている。
　主な著書に，『不正調査の法律問題』（弘文堂），『企業犯罪の対処法』（中央経済社），『会社を不祥事から守る法律知識』（PHP研究所），『使用人兼務取締役』（商事法務研究会），『取締役の法律』（ダイヤモンド社）など多数。

井上　浩一（いのうえ　こういち）
　あずさ監査法人パートナー。1978年関西学院大学経済学部卒業，1978年公認会計士2次試験合格後，朝日会計社（現あずさ監査法人）大阪事務所入社。2002年6月あずさ監査法人代表社員就任。関西学院大学商学部客員教授。日本公認会計士協会常務理事。
　主な著書：「取締役・執行役・監査役実務のすべて」あずさ監査法人（清文社）など多数。

松澤　公貴（まつざわ　こうき）
　松澤公貴公認会計士事務所代表。長年に亘り第三者委員や委員補佐を含む不正調査業務に従事し，案件数は300件を超え，不正関与者へのインタビューは1,000人にも及ぶ。特に，粉飾決算（循環取引，贈収賄，不正なキックバック等），資産横領，コンプライアンス違反（インサイダー取引，情報漏えい，反社会的勢力との取引）等の不正調査業務に関しては相当数の経験がある。現在，日本公認会計士協会経営研究調査会不正調査専門部会副部会長をつとめ，「不正調査ガイドライン」の作成に関与している。日本証券アナリスト協会検定会員。公認不正検査士。登録政治資金監査人。

第2部

不正調査ガイドライン

経営研究調査会研究報告第51号
平成25年9月4日
日本公認会計士協会

※各章の事例はフィクションであり，実在のものではありません。

I

総　論

　本章は，本ガイドラインを作成するに至った背景と目的，諸概念，利用上の留意点を記載しています。公認会計士が実施する現時点での有意で有用な不正調査業務を取纏めていますが，公認会計士以外の専門家や企業等自ら，更にはステークホルダーが実施する不正調査業務においても有用なものであるため，十分に尊重して活用して頂くことを期待しています。

1. 不正調査ガイドラインの背景と目的

(1) 不正調査ガイドライン作成の背景

　近年，企業や企業以外の組織体（以下「企業等」という。）で発覚した不正・不祥事（以下「不正」という。）が報道されるようになってきた。また，不正が発生又は発覚した企業等では，公認会計士が不正を解明するために不正調査を実施し，またその再発防止のために活躍する場面も増えている。

　コンプライアンス意識の高まってきている今日では，不正に対する社会的批判も強くなってきている。そのため，不正が発生又は発覚した企業等は，内部的な対応だけではなく，投資者（株主），債権者，顧客（消費者），規制当局，金融商品取引所等のステークホルダーに対しても適切な対応が必要になってきている。

　このような状況の中で，公認会計士が実施する不正調査業務に対する社会的責任が増大しているものの，こういった不正調査業務は体系的に整理がなされてはいない。また，公表されている不正調査報告書の内容を分析してみると，不正調査業務の品質は様々である。適切な不正調査が実施されていないと思われるようなものも散見される。

　こういった背景の下，日本公認会計士協会（経営研究調査会不正調査専門部会（旧日本公認会計士協会経営研究調査会紛争処理専門部会を含む。））は，経営研究調査会研究報告第40号「上場会社の不正調査に関する公表事例の分析」（平成22年4月，日本公認会計士協会）及び経営研究調査会研究報告第43号「非営利組織の不正調査に関する公表事例の分析」（平成22年8月，日本公認会計士協会）を公表した。

　これらの研究報告の公表後，不正調査実務に精通している公認会計士や弁護士を構成メンバーとして，本研究報告である不正調査ガイドライン（以下「本ガイドライン」という。）の作成を行った。

　本ガイドラインは，主として公認会計士が実施する現時点での有意で有用な

不正調査業務を取りまとめたものである。すなわち，本ガイドラインは，企業等で不正が発生又は発覚することによって，主に公認会計士に企業等から不正調査業務の依頼があった場合，当該業務を受嘱するかの判断，当該業務の体制と計画・管理，情報の収集と分析，仮説の構築と検証，不正の発生要因と是正措置案の提言，調査報告，企業等が行うステークホルダー対応への支援，及び不正調査業務の終了といった一連の業務に関する概念や留意事項等について体系的に取りまとめたものである。

なお，本ガイドラインは，監査の基準である「監査における不正リスク対応基準」とは全く別のものであることを念のため申し添える。

(2) 本ガイドラインの目的

本ガイドラインは，不正調査を，「企業等自ら又は不正調査の依頼者からの依頼に基づき，不正調査を実施する者が法律，規則及び基準（会計基準を含む。）並びに社会倫理からの逸脱行為に関して，その内容，関与者の特定，手口，影響額，発生要因等を調査し，ステークホルダーへの対応を検討し，是正措置案の検討をするとともに，必要に応じてその後の是正措置の実施状況を監督する一部又は一連の手続」と定義することにする（「図表Ⅰ-1」を参照）[1]。その際，公認会計士は，事実の認定を慎重に行う必要がある。また，調査結果に対する法的な判断（例えば，法的責任の所在など）に関しては，法律の専門家が行うこととなる。

本ガイドラインは，主として公認会計士が実施する現時点での有意で有用な不正調査業務を取りまとめたものである。具体的には，公認会計士が依頼者からの依頼を受けて内部調査委員会の調査補助者に選任される場合，内部調査委員会の委員に選任される場合，又は外部調査委員会の委員に選任される場合に，

---

[1] 会長声明「不適切な会計処理に係る第三者委員会への対応について」（平成25年5月，日本公認会計士協会）でも，外部調査委員会の委員に公認会計士が選任され不正調査に当たる場合の当該不正調査の目的を，（本会長声明では不適切な会計処理に関して）「客観的な事実の確認，原因究明，再発防止策の策定にあることを認識する必要がある。」としている。

円滑に不正調査業務が行われ，業務の品質を担保し，ステークホルダーの要請にも企業等が適切に対応できるように支援することを本ガイドラインの目的としている。ただし，公認会計士以外，例えば，企業等が本ガイドラインを参照し自ら不正調査を実施することを妨げるものではないことを申し添える。

なお，実務では，内部調査委員会[2]の調査補助者として初動調査から実態調査までの手続を行う場合，外部調査委員会の委員として初動調査から是正措置案の提言までの手続を行う場合など，様々な業務範囲が想定される。不正調査を行う際には，本ガイドライン全般を理解した上で，適宜該当する調査手続等の箇所を参照されたい。

◆図表Ⅰ-1　企業等が実施する不正調査のフローの例◆

	初動調査	実態調査	是正措置案の提言	ステークホルダー対応の支援	是正措置の実施
内容	■通報内容の評価 ■初動調査の実施 ■外部公表の検討 ■実態調査の実施の検討	■調査メンバーの選定 ■調査の計画立案 ■調査の実施 ・情報収集・分析 ・仮説の立案・検証 ・結果の取りまとめ ■報告書の作成	■要因分析 ■是正措置案の立案 ・緊急対応 ・抜本的対応 ■調査委員会報告用の報告書の作成 ■マスコミ対応の検討 ■当局対応の検討 ■再生プロセスの検討	■公表用報告書の作成 ■公表対応の検討 ・証券取引所，当局等 ・税務署 ・金融機関 ・株主・投資者 ・取引先 ・組合 ・警察 ・保険会社 ・その他	■緊急対応措置の実施 ■抜本的対応措置の実施 ■モニタリング活動の実施
本ガイドラインの各章	←―――Ⅱ・Ⅲ・Ⅳ・Ⅴ―――→ ←―Ⅵ―→ ←――Ⅷ――→ ←―――――Ⅶ―――――→				

---

[2] 経営研究調査会研究報告第40号「上場会社の不正調査に関する公表事例の分析」（平成22年4月，日本公認会計士協会）では，「社内調査委員会」と呼称している。本ガイドラインの対象に非営利組織も含まれていることから，本ガイドラインでは，「内部調査委員会」と呼称している。

> **失敗事例／不正調査のフローの理解不足①**
>
> 　売上の過大計上による不正が発覚した甲社は，社会的責任を果たすために外部の専門家に調査を依頼した。提出を受けた調査報告書を見ると，発覚した不正の違法性が延々と検討されているのみであり，財務諸表に与える影響やその他の不正の発生の有無等の検討がなされていなかった。調査報告書を公表後，発覚した不正と同様の不正が発見されてしまった。
>
> **失敗事例／不正調査のフローの理解不足②**
>
> 　多額な使途不明金が報道された乙大学は，不正調査を実施し文部科学省に対して報告を実施した。しかしながら，調査不十分との指摘を受けた。乙大学は，内部調査委員会を設置し再度調査を実施し，文部科学省に報告したが，原因と責任の所在が明らかになっていないとの指摘がなされてしまった。
>
> **解説**
>
> 　事例はいずれも，不正調査人が不正調査のフローを理解していないことに起因して発生した不正調査の失敗事例である。本ガイドラインでは，不正調査を，「企業等自ら又は不正調査の依頼者からの依頼に基づき，不正調査を実施する者が法律，規則及び基準（会計基準を含む。）並びに社会倫理からの逸脱行為に関して，その内容，関与者の特定，手口，影響額，発生要因等を調査し，ステークホルダーへの対応を検討し，是正措置案の検討をするとともに，必要に応じてその後の是正措置の実施状況を監督する一部又は一連の手続」とし，不正調査にて実施すべきことを定義している。よって，不正調査を行う際には，本ガイドライン全般を理解した上で，適宜該当する調査手続等の箇所を参照することが重要である。

（3）不正調査における公認会計士の役割

　「公認会計士は，監査及び会計の専門家として，独立した立場において，財務書類その他の財務に関する情報の信頼性を確保することにより，会社等の公

正な事業活動，投資者及び債権者の保護等を図り，もつて国民経済の健全な発展に寄与することを使命とする。」（公認会計士法第1条）とされている。倫理規則には，そのために遵守すべき基本原則が定められている。これにより，公認会計士は特に以下の基本原則の遵守が求められている。そのため，不正調査業務を実施するに当たっても，依頼者やステークホルダーは，公認会計士がこれらの基本原則を遵守して業務に当たることを期待していると考えられる。

公認会計士が，内部調査委員会の調査補助者に選任される場合，内部調査委員会の委員に選任される場合，又は外部調査委員会の委員に選任される場合，倫理面で特に注意が必要な点は，以下のとおりである。

① **誠実性**

公認会計士は，常に誠実に行動しなければならず，不正調査業務の受嘱及び実施時には，重要な虚偽又は誤解を招く陳述が含まれる情報等の作成や開示に関与しないよう留意しなければならない。

② **公正性**

不正調査業務は，恣意的，主観的なものであってはならず，適切な不正調査アプローチや調査手法を採用し，判断の基礎となる情報を適切に収集し，偏見や先入観のない公正な対応が必要である。

また，公認会計士が不正調査業務を独立した立場で実施するためには，公認会計士は，依頼者から不正調査業務の実施の依頼を受けた場合，調査対象となる企業等や個人（以下「調査対象者等」という。）との利害関係の有無を検討する必要がある。また，第三者としての立場を維持し，調査対象者等から影響を受けることがないようにしなければならない。

③ **職業的専門家としての能力及び正当な注意義務**

公認会計士は，職業的専門家としての能力をもって，正当な注意を払いつつ不正調査業務を実施する必要がある。

不正調査における公認会計士の職業的専門家としての能力とは，業界・企業等及び事業の特徴や特殊性，会計・税務，内部統制や業務フロー，不正調査アプローチと調査手法，損害額や影響額の算定，組織的調査の実施更には調査の効率的実施に対する経験と専門的知識をいう。

◆図表Ⅰ-2　本ガイドラインが活用される場面◆

```
┌─────────────────────────────────────────────────┐
│  企業等                                          │
│  ┌─────────────────┐                             │
│  │  調査対象者等    │◄──────  外部の不正調査人   │
│  └─────────────────┘                             │
│         ▲                                        │
│         │                                        │
│  ┌─────────────────┐                             │
│  │  内部の不正調査人│                             │
│  └─────────────────┘                             │
└─────────────────────────────────────────────────┘
```
※企業等の内部で不正が発覚した場合を前提とすると，不正調査人が本ガイドラインを活用することを想定している。

(4) 不正及び不正調査に対する公認会計士の姿勢

企業等は，不正によって企業価値等が毀損し，社会的信頼も失墜するだけではなく，ステークホルダーにも重大な損失を負わせる可能性がある。そういった状況を踏まえた上で，公認会計士は，厳正な姿勢で不正調査を実施する必要がある。こういった厳正な姿勢は，調査対象となる企業等が上場会社であっても，非上場会社であっても，又は非営利組織であっても同様である。

依頼者又は調査対象となる企業等は，自己に不都合な情報を提供しない可能性がある。不正調査に非協力的な態度をとる可能性もある。不正調査の実施範囲や不正調査報告書の記載内容に著しい制限を求める可能性もある。また，ステークホルダーへの適切な対応に努めない可能性もある。

公認会計士は，内部調査委員会の調査補助者に選任される場合，内部調査委

員会の委員に選任される場合，又は外部調査委員会の委員に選任される場合，前述の誠実性，公正性，職業的専門家としての能力及び正当な注意義務といった倫理面に留意し，上記のような状況でも毅然たる姿勢で依頼者又は調査対象となる企業等に対応する必要がある。

後述するとおり，公認会計士は，依頼者又は調査対象となる企業等の意向に沿うことに目を奪われ，これらからの圧力に屈して調査範囲の限定や不利益な事実の隠蔽を図ること等はしてはならず，偏見や先入観のない客観的で公正な立場を堅持して不正調査を実施することに努めなければならない。

実施した様々な不正調査の手続から得た資料（証拠）に基づいて，冷静かつ慎重に事実の認定に努めるといった姿勢が公認会計士には必要である。また，既述のとおり，調査結果に対する法的な判断（例えば，法的責任の所在など）に関しては，法律の専門家が行うこととなる。

不正調査業務を受嘱するかの判断は慎重に行う必要がある。次章に記述している事項や条件を検討し，解決し難い問題がある場合には，業務受嘱の辞退を判断することとなる。不正調査を実施している過程でも様々な制約があり，十分な水準で不正調査を完了できない可能性もある。その場合，その障害となる問題点を除去するよう依頼者又は調査対象となる企業等と検討・協議に努める必要がある。それに努めてもなお障害を除去できない場合，業務委託契約を中途で解除することとなる。

2. 本ガイドラインにおける諸概念

（1）本ガイドラインにおける不正の概念

実際に公認会計士が実施する不正調査業務は，財務報告関連の不正よりも広範囲な不正や不祥事を調査対象とするケースが増加している。このことも考慮して，本ガイドラインの対象となる不正は，前節の不正調査の定義の中でも記述したとおり，「法律，規則及び基準（会計基準を含む。）並びに社会倫理からの逸脱行為」と定義することとする。一般的に用いられている用語としては違

第2部　不正調査ガイドライン

法行為を含む不正や不祥事に該当し，それをもって本ガイドラインの対象となる不正とすることとした[3]。

(2) 財務諸表監査上の不正との関係

監査基準委員会報告書240「財務諸表監査における不正」は，不正は様々な意味を含む広範囲な概念であるとして，その広範囲な概念の中から，監査人が財務諸表の監査において対象とする重要な虚偽表示の原因となる不正について

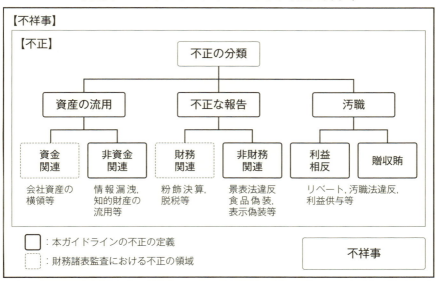

◆図表Ⅰ-3　本ガイドラインにおける不正の例示◆

出所：日本公認不正検査士協会『不正検査士マニュアル 2005-2006 日本版 改訂版Ver.1.01』財務取引と不正スキーム 財務諸表に関する不正 Ⅰ-61　図「不正の樹形図」を参考に作成。

---

[3] 日本弁護士連合会「企業等不祥事における第三者委員会ガイドライン」（以下「日弁連第三者委員会ガイドライン」という。）では，第三者委員会が調査をし提言をする対象を，「企業や組織（以下，「企業等」という）において，犯罪行為，法令違反，社会的非難を招くような不正・不適切な行為等（以下，「不祥事」という）」としており，本ガイドラインの定義とは異なるが，日弁連第三者委員会ガイドラインの定義する「不祥事」と異なる行為を対象とすることは意図しておらず，基本的にはこの「不祥事」と同様の行為を「不正」と捉え，本ガイドラインの対象としている。

定義をしている。この場合の不正は、「不当又は違法な利益を得るために他者を欺く行為を伴う、経営者、取締役等、監査役等、従業員又は第三者による意図的な行為[4]」であると定義されている。本ガイドラインが定義する不正は、「財務諸表監査における不正」よりも広範囲な概念である（「図表Ⅰ-3」を参照）。

(3) 不正の予防・発見に対するステークホルダーへの期待

　法律上は、不正を予防・発見する責任（善管注意義務）は取締役・監査役にあるとされている。しかし、不正の事例をみる限り、経営者である取締役自らが不正を実行する場合も多く、監査役が不正に関与する場合もある。また、取締役・監査役のみに不正を予防・発見する責任を課したとしても、不正リスクが低減できるとは限らない。

　本ガイドラインは、一般的に不正調査の実施範囲が、単に関与者や手口の解明にとどまらず、是正措置によって社会的信頼の回復まで及ぶことに鑑み、「企業等は、それを取り巻くステークホルダーと一体となって、不正の予防と発見に取り組む」という立場をとることとする。

　例えば、企業等の行動規範において企業等の従業員による不正を禁止することが規定され、不正を発見した場合に企業等の従業員には通報する責任が課せられ、又は要請されている。また、最近の傾向として、不正を予防・発見し、是正措置案を検討することで、企業等の秩序回復や社会的信頼の確保に向けて、企業等だけではなく、企業等のステークホルダーが一体となって取り組むことが社会的にも期待されている。こういった取組への社会的期待や社会的要請は、企業等のステークホルダーに向けられていると考えることができる。

　そこで、企業等の成長や秩序を阻害する不正をいかにして予防・発見するかは、企業等の特定の部署又は人員のみが考えるのではなく、右図のように企業等のステークホルダーの参加の下、全体で取り組む必要があるのである。

　そのためにも、企業等は、ステークホルダーに対して適切に対応することが

---

[4] 監査基準委員会報告書240「財務諸表監査における不正」（平成25年6月最終改正、日本公認会計士協会）第10項(1)。

重要である。それによって，ステークホルダーからの協力，助言又は指導が期待できるのである。

◆図表Ⅰ-4　不正の予防・発見と企業等を取り巻くステークホルダーへの期待◆

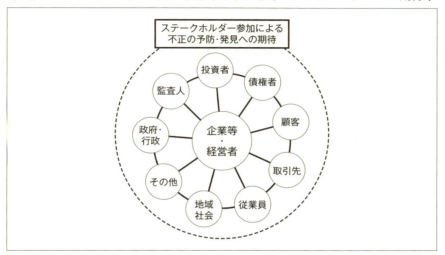

3. 本ガイドラインの概要と利用上の留意点

(1) 本ガイドライン利用上の留意点

本ガイドラインの利用に当たっては，以下の事項に留意する必要がある。

① 本ガイドラインは，上場会社の不正調査に限らず非上場会社や非営利組織における不正調査も想定して作成されている。その点で，広範囲の業務にも対応できるように取りまとめられている。

② 本ガイドラインの不正の概念は，既述のとおり，財務諸表監査上の不正に限定せず，「法律，規則及び基準（会計基準を含む。）並びに社会倫理からの逸脱行為」，いわゆる不祥事を含む広範なものと定義し，それに対応できるように取りまとめられている（一部の章においては，財務報告関連

の不正のみに絞って記載している。）。

③　本ガイドラインは，主として公認会計士が実施する不正調査業務を取りまとめたものであるが，公認会計士以外の専門家や企業等自ら，更にはステークホルダー等が実施する不正調査業務においても有用なものと期待している。なお，公認会計士が実施する不正調査業務は，財務諸表監査等の保証業務[5]とはアプローチや手法等が異なる。

④　日本公認会計士協会において，経営研究調査会研究報告第40号「上場会社の不正調査に関する公表事例の分析」[6]及び経営研究調査会研究報告第43号「非営利組織の不正調査に関する公表事例の分析」[7]を公表している。本ガイドラインと併せて参考にしていただくことを期待している。

⑤　本ガイドラインは，不正調査業務の実務を取りまとめているが，会計基準や監査基準と異なり，法的な拘束力はない。しかしながら，本ガイドラインは，不正調査を実施する者が，業務を実施する上での実務上の留意点を記載しており，十分に尊重されることが期待される。

⑥　内部調査委員会の中の調査補助者として不正調査チームに参加する場合や内部調査委員に選任される場合，又は外部調査委員会の外部調査委員に選任される場合と，公認会計士の不正調査への参加形態により，不正調査組織の中での立場は異なる。しかし，公認会計士の果たすべき役割や留意点では類似する点が多い。したがって，本ガイドラインでは，基本的には，以上の参加形態ごとに分けて記述することはしていない。一方，不正調査業務の局面によっては，不正調査を実施する者の役割や留意点は大きく異なってくる。そこで，本ガイドラインは，不正調査のフローに沿って取りまとめている（「図表Ⅰ-1」を参照）。

⑦　本ガイドラインは，公表された時点で有意で有用なものとして実務で利

---

[5] 保証業務の定義については，監査・保証実務委員会研究報告第20号「公認会計士等が行う保証業務等に関する研究報告」（平成21年7月，日本公認会計士協会）2(1)を参照。
[6] 日本公認会計士協会，平成22年4月。
[7] 日本公認会計士協会，平成22年8月。

用されている概念，手続及び手法を取りまとめたものである。今後の実務の発展によって，より優れたものが考案され得ることに留意されたい。

なお，本ガイドラインの構成は，以下のとおりである（「図表Ⅰ-5」を参照）。

(2) 本ガイドラインの構成

本章では，本ガイドラインにおける不正の定義や不正調査の目的といった不正及び不正調査に関する基本概念について記述した。本ガイドラインの各章の概要を示すと下表のようになる。

◆図表Ⅰ-5　本ガイドラインの構成◆

章	項目	内容
Ⅰ	総論	不正や不正調査に関連する基本概念
Ⅱ	業務受嘱の判断	不正調査の依頼があった際に，受嘱すべきかの判断で留意すべき点 不正調査フローの比較的初期段階で検討すべき内容
Ⅲ	不正調査業務の体制と計画管理	初動調査や実態調査における組織体制 業務委託契約書の締結内容，ワークプランの立案
Ⅳ	不正調査に関係する情報の収集と分析	実態調査において収集する情報とこれらの分析手法
Ⅴ	不正に対する仮説の構築と検証	実態調査で採用されている仮説検証アプローチの概念 主要な検証手続と事実認定
Ⅵ	不正の発生要因と是正措置案の提言	不正調査フローにおける是正措置策定における緊急対応策や抜本的対応策
Ⅶ	調査報告	不正調査フローにおける公表に際しての報告上の留意点や報告書の記載事項
Ⅷ	依頼者又は企業等が行うステークホルダー対応への支援	不正調査フローにおけるステークホルダー対応と公表に際しての適時開示や監査人や監査役等への対応支援
Ⅸ	業務の終了	不正調査フローにおける文書管理と証拠管理

II

業務受嘱の判断

　本章は，不正調査人が業務を受嘱するうえで検討しなければいけない事項，及び，不正調査の依頼者が不正調査人を選定する上で検討すべき事項を記載しています。不正調査を実施するためには，様々な制約があることを相互に理解しておく必要があります。

公認会計士が不正調査業務を受嘱するに当たり，以下の事項や条件が確保されているか慎重に検討し，解決し難い問題がある場合には，業務受嘱の辞退を判断する必要がある。なお，不正調査を実施する者を総称して以下「不正調査人」と呼称するが，本章では，主に公認会計士が業務を受嘱することを想定して記載している。

　不正調査人が不正調査を実施する場合，様々な制約があり，十分な水準で不正調査を完了できない場合もある。事実認定や立証の程度・水準も状況によって異なってくる。不正調査人は，以下の事項を十分に検討し，依頼者やステークホルダー等の期待と調査結果との間にギャップが生じないように対応する必要がある。

◆図表Ⅱ-1　業務受嘱の判断の全体像◆

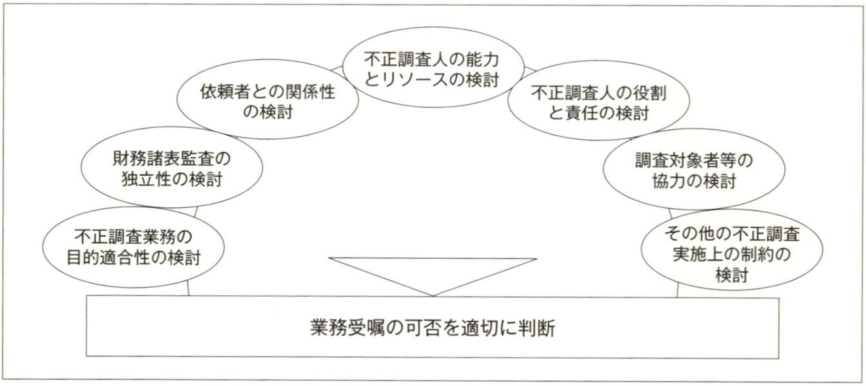

- 不正調査人の能力とリソースの検討
- 依頼者との関係性の検討
- 不正調査人の役割と責任の検討
- 財務諸表監査の独立性の検討
- 調査対象者等の協力の検討
- 不正調査業務の目的適合性の検討
- その他の不正調査実施上の制約の検討

→ 業務受嘱の可否を適切に判断

1. 不正調査業務の目的適合性の検討

　予想される不正の内容や依頼者の意図等により，不正調査の目的は異なることになる。不正調査人は，不正調査業務を受嘱するに当たり，不正調査の目的を明確にし，依頼者のニーズを適切に把握する必要がある。これにより，不正

調査の目的を達成できるか，また法令及び職業倫理に関する規定等に照らして業務を受嘱することが適切であるか判断する必要がある。

例えば，調査目的が達成し得ない場合の業務の受嘱（不正がないことの証明など），及び目的は達成できるが法令や職業倫理に反する業務の受嘱（不正調査人自らが違法行為を行うことを前提とした不正調査など）等は行うべきではない。

また，企業等に不正が発生又は発覚した場合，不正の内容や影響等により，企業等の内部で不正調査を実施する場合や外部調査委員会の設置による外部調査を実施する場合がある。いずれの場合においても，不正調査人として期待される役割を遂行することができるか否か，慎重に検討する必要がある。

失敗事例／不正調査目的の理解

財務諸表の虚偽記載の疑いが発覚した甲社は，外部の公認会計士に調査を依頼した。調査結果をとりまとめて報告書を作成する段階で，甲社は不正調査業務を実施した公認会計士に対して「不正行為が存在しなかったことを保証する証明書」を発行するように要求した。

解説

不正調査を実施することによって，企業等が作成した財務諸表や企業等が営む業務に不正が全くないことを証明することは不可能である。よって，不正調査人は，不正調査業務の開始の際に，不正調査の依頼者が当該業務を保証業務であると誤認することを防止し，また不正調査の目的について共通理解を得るために，不正調査の目的，限界及び手続等を明示し十分な説明を実施することが重要である。不正調査人は，不正調査の依頼者との間に，解決し難い問題がある場合には，業務受嘱の辞退を検討する必要がある。

2. 財務諸表監査の独立性の検討

　不正調査の内容によっては，その結果が財務諸表や開示内容に重要な影響を及ぼす場合が考えられる。そのため，監査人が監査関与先の不正調査業務を実施する場合，自己レビューなど監査人の独立性を阻害する要因が生じる可能性がある。このような場合，独立性に関する慎重な検討が必要である。

3. 依頼者との関係性の検討

　企業等による不正は，当該企業等の信用や評判の低下をもたらす。それによって，企業価値等が毀損し，企業等を取り巻くステークホルダーに影響を与えることになる。したがって，不正調査人は，経営者等のみならず，株主や取引先といったステークホルダーから不正調査業務の依頼を受ける可能性がある。

　依頼者が経営者等であれステークホルダーであれ，不正調査業務を依頼するに際しては，不正調査人の業務の経験，能力及び評判だけではなく，不正調査人が所属する団体や協会等の処分の状況等を勘案して，依頼者は不正調査人を選任することになる。

　不正調査人は，依頼者の意向に沿うことに目を奪われ，依頼者からの圧力に屈して不利益な事実の隠蔽を図ること等はしてはならず，公正かつ客観的に不正調査を実施することに努めなければならない。そのためにも，経営者等又はステークホルダーからの業務依頼に際しては，以下の点に留意する必要がある。また，不正調査の依頼者が反社会的勢力等の場合には，当然ながら，コンプライアンスの観点から業務を受嘱してはならない。

(1) 経営者等[8]からの依頼

　不正が発生又は発覚し，企業等自らが内部調査を行う場合において，当該調査結果の公正性及び客観性を担保するために，経営者等が外部の不正調査人に不正調査を依頼することがある。この場合，依頼を受けた不正調査人は，経営者等とは独立した立場から不正調査を実施する。経営者等からの圧力に屈して調査範囲の限定や，不利益な事実の隠蔽を行ってはならない。そのため，業務を受嘱するに当たっては，公正かつ客観的な不正調査が実施できないと判断した場合，業務受嘱の辞退を検討するなど，適切な対応を図る必要がある。

(2) ステークホルダーからの依頼

　企業等の不正により経済的及び物理的な損害を被った株主や取引先といったステークホルダーが不正調査を依頼することがある。この場合，調査対象となる企業等が依頼者ではないため，不正調査人は調査依頼の目的を明確にした上，そもそも企業等の同意の下で不正調査を実施する権限が不正調査人にあるのか，不正調査に調査対象となる企業等の協力が得られるのかなどについて十分に検討する必要がある。

(3) 依頼者との期待ギャップの回避

　不正調査人は，不正調査に関する専門的知識と経験を有しているが，業務受嘱を検討している段階においては，不正が発生した企業等の詳細な経営実態や内部管理体制については知り得ない状況にある。このため，不正調査業務自体にも一定の限界があることを依頼者に認知してもらい，期待ギャップ（依頼者を含むステークホルダーの期待と不正調査人の業務内容に乖離が生じること。）による無用な問題に発展することを避けなければならない。

8　企業等における業務の執行や監視・監督において責任を有する者及びそれに準ずる者をいう。

依頼者との関係性の検討

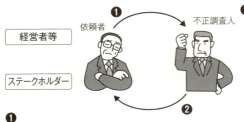

- 経営者等
- ステークホルダー

❶ 不正調査人の業務の経験,能力及び評判だけではなく,不正調査人が所属する団体や協会の処分の状況等を勘案して,不正調査人を選任することになる。

❷ 依頼者の意向に沿うことに目を奪われ,依頼者からの圧力に屈して不利益な事実の隠蔽を図ること等はしてはならず,公正かつ客観的に不正調査を実施することに努める。

× 公正かつ客観的な不正調査が実施できないと判断した場合
× 調査対象者や企業等の協力が得られない場合
× 不正調査業務の限界を理解して貰えない場合　等

出所：日本公認会計士協会　夏季全国研修「不正調査ガイドライン」資料（平成25年8月22日）

失敗事例／独立した調査の留意事項①

　製造業を営む乙社は代表取締役社長を中心とするグループと,その実弟で専務取締役を中心とするグループに分裂し,経営方針の違いだけにとどまらず根深いものがあった。

　社長グループは,専務グループが作成した会計伝票に不審なものを発見し,社長グループが主導し公認会計士を中心とする外部調査委員会を設置し調査を開始した。しかしながら,専務グループは反発を強め,不正調査に対する協力を拒否していた。そのような状況で外部調査委員会から調査報告書が提出され,社長グループは,調査結果をもとに専務グループの処分を進めようとした。専務グループは,調査は不適切なものであると主張するとともに,社長グループに不正があったとして,別な外部調査委員会を設置することで対抗手段にでた。

失敗事例／独立した調査の留意事項②

　近年事業を拡大してきた外食産業を営む丙社は,ある投資家グループZから多額の出資を受けて新規のビジネスを立上げたが,1年後役員の不正行為

の疑惑が浮上した。投資家グループZは，不正調査を実施すべく外部の弁護士・公認会計士に対して調査実施を依頼したが，不正調査の対象である丙社から協力を得られず，調査範囲が極めて限定的で不十分な調査となってしまった。

失敗事例／独立した調査の留意事項③

製造業を営む上場企業丁社は，発覚した不正の調査結果を穏便なものとするため，社長の昔からの知り合いの弁護士と監査役の知人である公認会計士を外部調査委員会の委員に選任し調査を依頼した。外部調査委員は，調査を進める過程で，対象としている不正は，代表取締役や監査役も関与する組織的なものであることが次第に判明してきた。調査中，代表取締役と監査役から役員室に呼ばれ，「このままでは上場廃止になるばかりか，株主代表訴訟に発展しかねない。なんとか穏便に調査を終わらせて欲しい。」と懇願されてしまった。

解説

不正調査の依頼者によって，不正調査の成果により達成したい目的は異なる。

特に，経営者等からの依頼の場合には，自己に不都合な情報を提供しない可能性，不正調査の実施範囲や不正調査報告書の記載内容に著しい制限を求める可能性，また，ステークホルダーへの適切な対応に努めない可能性等があり，不正調査人として独立した調査が実施できない可能性もあるため留意が必要である。不正調査の依頼を受けた不正調査人は，依頼者又は調査対象となる企業等の意向に沿うことに目を奪われ，これらからの圧力に屈して調査範囲の限定や不利益な事実の隠蔽を図ること等はしてはならず，偏見や先入観のない客観的で公正な立場を堅持して不正調査を実施することに努めなければならない。

また，不正調査の依頼者が経営者以外のケースでは，調査を受ける対象と不正調査の結果を享受する対象が異なるため，十分な協力を得られずに不正調査の目的を達成できない場合がある。このような場合は，事前に不正調査の目的が達成可能かどうかを十分に調査することが必要である。

さらに，不正調査を実施している過程でも様々な制約があり，十分な水準で不正調査を完了できない可能性もある。その場合，その障害となる問題点を除去するよう依頼者又は調査対象となる企業等と検討・協議に努める必要がある。それに努めてもなお，障害を除去できない場合，業務委託契約を中途で解除することを検討する必要がある。

4. 不正調査人の能力とリソースの検討

不正調査は，通常組織的に，企業等の経営環境，事業内容及び不正に関連する法令等を十分に理解して実施される。そのためには，当該不正調査の目的を達成するために必要とされる適性，能力及び経験等を備えた十分な調査補助者を確保しなければならない（以下，調査補助者を含めて「不正調査チーム」という。）。

不正調査人は，不正調査チームが不正調査業務において果たすべき役割及び関連する法令等に対して十分な能力とリソースを有しているかを検討した上で不正調査業務を受嘱しなければならない。主に不正調査チームが有すべき能力等は以下のとおりである。

- ☐ 法令等に係る専門的知識及び経験
- ☐ 会計・税務・内部統制等に係る専門的知識及び経験
- ☐ 不正の手口・スキームに係る知識及び不正調査の経験
- ☐ 調査対象者等が属する業界や実務慣行に係る知見
- ☐ インタビュー・テクニック及びコミュニケーション能力
- ☐ デジタル・フォレンジック[9]に係る専門的知識及び経験
- ☐ クロスボーダーの不正調査の場合には，関連する国又は地域の法令等や会計・税務に係る専門的知識及び経験並びに実務慣行に係る知見等

---

9 パソコン，サーバー，携帯電話等のデータ又は電子記録を収集・分析する手段や技術の総称。

失敗事例／不正調査人の経験不足①

粉飾決算が発覚した上場会社である甲社の第三者委員会の委員の公認会計士Ｓ氏は，以前は規制当局に勤務しており，多数の粉飾決算の調査に関与していたものの，甲社の会計慣行の知識及び会計監査の経験が乏しかったため，甲社の会計慣行にない会計処理の修正を甲社に促した。

出所：松澤公貴「経営研究調査会研究報告第51号「不正調査ガイドライン」の実務上のポイント」
　　　『旬刊経理情報』中央経済社（平成25年，No.1366）を修正

失敗事例／不正調査人の経験不足②

不正の兆候を発見した乙社は，その真偽を確かめるために不正調査の経験のない外部のリスクコンサルタントＴ氏に不正調査を依頼した。提出された報告書を見ると，内部統制の不備の指摘がなされているのみであった。数年後，不正が発覚したが，当時適切な不正調査を実施していれば，損害額が3分の1に抑えられていた可能性があった。

出所：事例①と同じ

失敗事例／リソース不足による失敗③

自動車部品を営む丙社は，上級管理者従業員による多額の預金の着服が発覚した。親会社の報告のために第三者による調査が必要であるものの，初動調査の結果「不正は単独で実行され，かつ単純な内容である」と把握していたため，不正調査を実施したことのない知人の弁護士と税理士に不正調査を依頼した。不正調査人が調査を実施していく過程で，経費の使い込み等その他の不正行為が多数発見され，また財務諸表への影響が複雑かつ範囲が広くなってしまった。結局，丙社は当初依頼した不正調査人では，経験不足であると判断し，途中で不正調査人を交代することになった。

解説

企業等が不正調査を外部の第三者に依頼する場合には，不正調査の能力と経験が十分であることを把握することが重要であり，発覚した不正の手口や不正調査の対象となる組織や業務に対して知見を有することを確かめる必要

がある。また，不正調査人も，調査の過程で追加的な不正が判明することや当初依頼人から伝達されていた不正の手口等とは異なる事実が明らかになることを予め想定し，不正調査業務を期限内に適切な品質にて遂行することができるよう，調査体制等を整備する必要がある。

5. 不正調査人の役割と責任の検討

前述のとおり，不正調査人は，通常，企業等の不正に関する実態解明の調査，発生要因の分析及び再発防止の対策検討の専門家として，調査対象者等から独立の立場で，事実関係の究明と原因分析を行い，再発防止のための是正措置案を検討することにより，企業等の公正な事業活動及びステークホルダーの保護を図る役割を担っている。

かかる重要な役割に付随し，不正調査人は，以下の責任を負っているものと自覚した上で，不正調査に臨む必要がある。その際，事実認定について慎重に対応し，法的な判断を必要とする局面では，法律の専門家がその判断を行うこととなる点に留意が必要となる。

- ☐ 不正調査人は，常に品位を保持し，その知識及び技能の修得に努めなければならない。
- ☐ 不正調査人は，既述のとおり，調査対象者等から独立の立場において公正かつ誠実にその調査業務を行う責任を有する。調査対象者等に対して偏見・利益相反の関係を持ってはならず，かつ，客観性を損なうような依頼者等からの不当な圧力に屈せず，常に公正な立場を堅持しなければならない。
- ☐ 不正調査人は，業務を実施するに当たり，正当な注意を払わなければならない。
- ☐ 不正調査人は，入手した証拠の真偽を鵜呑みにすることなく，常に懐疑心を保持しなければならない。

□ 不正調査人は，調査の過程で知り得た情報を正当な理由なく他に漏らし，又は窃用してはならない。この守秘義務は，業務を終了した後においても遵守しなければならない。

これらの責任に加えて，不正調査人は，以下の責任についても当然に負うことになる点に留意が必要となる。

□ 不正調査人は，故意又は過失によって他人の権利又は法律上保護される利益を侵害した場合，これによって生じた損害を賠償する責任を負うこととなる（不法行為責任（民法第709条））。

□ 不正調査人は，受嘱の際に，依頼者と業務委託契約を締結する。その中に不正調査に当たっての調査範囲や責任範囲が規定されている[10]。不正調査人はこれらの条項を遵守する必要がある。

□ 内部調査委員会や外部調査委員会が組織された場合，参加者の調査範囲や責任範囲を明確にするために，実施要領や実施要綱が作成される。委員会の一員である不正調査人は，その中に定める項目を遵守する必要がある。

失敗事例／守秘義務違反による失敗事例

不正発覚企業の第三者委員会の委員を務めた公認会計士U氏は，未だ公表されていない自身が実施した不正調査の裏話を「この場限り」と言って研究会で説明をしてしまった。

出所：松澤公貴「経営研究調査会研究報告第51号「不正調査ガイドライン」の実務上のポイント」『旬刊経理情報』中央経済社（平成25年，No.1366）を修正

---

10 業務委託契約書には，調査範囲，不正調査を実施する際の依頼者又は調査対象等からの協力，入手する情報の信頼性，及び適正な調査環境の提供等が記載され，それらを前提に不正調査業務は実施される旨が記載されるのが一般的である。これらの規程によって，調査手続や調査範囲が，依頼者又は調査対象等から著しく制限されることがないよう対応する必要がある。

> **解説**
> 本ガイドラインにおいて，「不正調査人は，調査の過程で知り得た情報を正当な理由なく他に漏らし，又は窃用してはならない。この守秘義務は，業務を終了した後においても遵守しなければならない。」と記載されており，また，不正調査の依頼者との間における業務委託契約でも守秘義務を負っている。よって，本事例は違法行為となるおそれのある事例である。

6. 調査対象者等の協力の検討

(1) 調査対象者等の協力

調査対象となる企業等の従業員は，雇用契約に基づく労務提供義務に付随して，不正調査に協力する義務を負うが，既に退職している者への調査は，任意での協力を要請することになる。また，企業等の外部の取引先等への調査においても任意での協力を要請することになる。なお，不正調査人は，調査対象となる個人のプライバシーや人権を侵害するような調査及び協力要請を行ってはならない。

(2) 監査人の協力

調査対象者等が企業等である場合，それを監査していた監査人は，財務諸表監査の過程で知り得た情報を有している。そのため，守秘義務解除[11]の下で監査人からの協力を得ることが有効である。ただし，企業等が監査人に虚偽の説明を行っている場合など，不正調査人が調査対象者等から不正調査人が入手した情報と監査人が調査対象者等から入手していた情報が異なる場合も想定される。その際には，情報の信頼性について慎重に検討する必要がある。

なお，監査人が調査対象者等となる場合がある。その場合，不正調査人は，

---

11 守秘義務解除については，「倫理規則」（平成22年7月最終変更，日本公認会計士協会）第6条第8項を参照。

監査人との協力関係や情報共有については,調査結果に与える影響も考慮して,より慎重に対応する必要がある。

(3) 協力が得られない場合の対応

上記のとおり,企業等の従業員であれば,不正調査に協力義務を負うと考えられるものの,現実には,不正調査人が強制捜査権を有していないことから,強制的に不正調査に協力させることはできない。そのため,不正調査人は,企業等の従業員の任意の協力の下,不正調査を実施することになる。

調査対象者等が正当な理由なく調査への協力を拒否した場合,虚偽の供述をした場合,また,証跡資料の隠蔽を行った場合等には不正調査人は,その事実を依頼者に報告するといった適切な対応が必要である。

7. その他の不正調査実施上の制約の検討

不正調査人が不正調査を実施する際には,上記以外にも,様々な実施上の制約の可能性がある。不正調査業務を受嘱するかを判断する場合,下記の制約についても慎重に検討する必要がある。

(1) 経営環境

不正に対する社会の意識が変わってきたにもかかわらず,そのような変化に調査対象者等の内部関係者が気付いていない場合[12]や,不正を排除しようとしない状況が長年調査対象者等の内部に根付いている場合など,調査対象者等の経営環境によっては不正に対する意識が乏しい場合がある。そのような状況では,不正調査に対する十分な理解や協力を得ることが困難な可能性がある。

---

12 反社会的勢力との交際など。

(2) 調査権限

既述のとおり，不正調査人には強制捜査権がない。そのために，不正調査人が実施する調査手続や調査範囲が限定される場合がある。

(3) 企業等のリソース

不正調査チームの編成や不正調査の実施に当たっては，不正調査人も助言を行うものの，実際に判断し実行するのは企業等である。企業等の内部から不正調査チームを編成する場合や内部調査委員を選任する場合，不正調査実施の方針が適切か，また，判断の基礎となる有用な情報が得られるかは，企業等のリソース等によるところでもある。また，不正調査に投入できる企業等の人員数や費用には限りがあり，無制限にこれらを費やすことはできない。

(4) 情報の保管状況

不正調査の対象期間や不正実行期間が長期にわたる場合，古い情報も調査の対象となる。しかしながら，企業等は通常，将来不正が発生するということを想定して業務を行っているわけではないため，不正に関連した重要なやり取りを当時文書化していない場合も多い。保管されていた文書も，社内の文書管理規程に従って破棄されている場合がある。場合によっては，企業等によって意図的に破棄されている可能性もある。

(5) 時間的制約

例えば上場会社の場合，重要な事項で投資者の投資判断に著しい影響を及ぼすような事項が発生した場合には適時開示が要請されており，不正が発覚した場合，一般的には直ちに不正調査結果を適時開示する必要がある[13]。不正調査は，そのような時間的制約の中で実施されることに留意が必要である。

---

13 例えば，株式会社東京証券取引所の場合，「有価証券上場規程」第402条（平成25年8月最終改正），「有価証券上場規程施行規則」第402条の2（平成22年6月最終改正）を参照。

(6) 業務報酬[14]

正当な根拠に基づかない低廉な業務報酬を提示又は請求した場合，一定の水準の専門業務を実施することが困難となることが考えられることから[15]，不正調査人は，調査業務の内容に基づいた適正な報酬を請求しなければならない。なお，固定的な報酬設定は，調査範囲や調査手続が限定され，追加的な不正調査が不十分となる可能性があることに留意する必要がある。

通常，十分な経験と能力を有している不正調査人の場合，適切な仮説を構築することにより，その検証に必要十分な報酬を当初から依頼者に提示することができるが，当初の仮説が不十分であった場合には，事後的な調査範囲の拡大により多大な調査費用が追加的に発生する可能性があることに留意する必要がある。

不正調査の成果又は結果に応じて報酬を決定するという取決め（いわゆる，「成功報酬」）に基づいて業務を受嘱した場合，企業等が考える「成功」に調査結果が誘導され，調査結果の公正性等を害するおそれがある。こういったことから，成功報酬は不適切な場合が多いことに留意する必要がある。

(7) 依頼者からの業務に対する制約

不正調査人は，依頼者から調査方法，調査範囲，調査対象期間又は調査実施期間についての制約を受ける場合がある。その場合，公正かつ客観的な不正調査業務の遂行が困難になることが想定される。

---

14 報酬の水準及び成功報酬については，「倫理規則」（平成22年7月最終変更，日本公認会計士協会）第21条及び第22条を参照。
15 低廉な業務報酬については，「倫理規則」（平成22年7月最終変更，日本公認会計士協会）注解18を参照。

III

不正調査業務の体制と計画管理

　本章は，主に不正調査のアプローチと適切な業務配分の必要性等を記載しています。仮説検証アプローチで適切に不正調査を実施するためには，不正調査人は，業務の着手に際して業務計画を策定する必要があり，不正調査の進捗の状況によっては，或いは，当初の計画と異なる事象が生じた場合には，当該業務計画を適宜修正することにより，リソースを再配分し，不正調査を有効かつ効率的に実施する必要があります。

1. 不正調査業務の体制

不正調査業務は，通常，組織的に実施される。不正調査業務の体制は，不正調査実施の判断と同様，不正の状況，不正調査実施状況，ステークホルダーへの影響の大きさなどから慎重に行うべきである。当初の状況に比して想定外の状況が生じた場合は，柔軟かつ迅速に不正調査体制を変更することが望まれる。不正調査人が参画する役割の例は以下のとおりである。

(1) 内部調査委員会の調査補助者

企業等が内部に設置する内部調査委員会は企業等の内部者から構成される場合が多く，必要に応じてその調査補助者を選任する。内部調査委員会の調査補助者は，内部調査委員の監視・監督の下，不正調査を行う役割がある。活動内容としては，不正内容の把握，不正の原因や動機の解明，不正関与者の把握，関係者の責任の所在の検討，是正措置案の検討がある。場合によっては，実態調査チーム，要因分析・是正措置案検討チーム及び情報管理・広報チームといった不正調査チームが編成される。

(2) 内部調査委員会における内部調査委員

内部調査委員会は，企業等の内部者のみで構成される場合や，内部者に加え

◆図表Ⅲ-1　内部調査委員会の役割分担の例◆

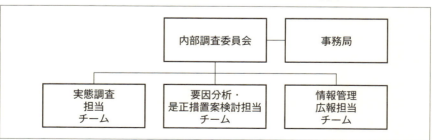

て外部有識者を参画させるという内部・外部混成で組織される場合がある。内部調査委員は，不正調査実施の方針を決定し，不正調査の過程でこれを監視・監督し，必要に応じて調査補助者を選任し指示を行う。

内部調査委員会の役割分担の例を示したのが，(図表Ⅲ-1)である。

(3) 外部調査委員会における外部調査委員

外部調査委員会は，外部有識者によって構成される独立，中立な組織である[16]。外部調査委員には，高度な専門的知識と経験を有し，公正な判断ができる企業等と利害関係のない立場にある外部の専門家が選任されるのが適当である。

外部調査委員会とは別に内部調査委員会が設置されている場合，外部調査委員会の役割は，内部調査委員会が実施した調査手法の妥当性の検討，調査手続の十分性の検討，調査結果の検討，是正措置案の妥当性の検討等の内部調査委員会を監視・監督することに重点が置かれる。

具体的には，内部調査委員へのヒアリング，内部調査委員会が作成した不正調査報告書の分析・検討，内部調査委員会から提出された資料の分析・検討といった調査手続を中心に調査手続を実施する。それに加えて，外部調査委員会が独自に直接不正調査を実施する場合もある。

(4) 不正調査組織の機能・役割の多様性

内部調査委員会と外部調査委員会の双方がある場合でも，不正内容の把握，不正の原因や動機の解明，不正関与者の把握は内部調査委員会が行い，関係者の責任の所在の検討や是正措置案の検討は，外部調査委員会が行う場合もある。また，前述のように，内部調査委員会が実施した不正調査以外に，外部調査委員会も独自に不正調査を行う場合もある。

不正調査組織における役割の分担や機能については，実施時の混乱を避ける

---

[16] 「日弁連第三者委員会ガイドライン」は，「第三者委員会は，依頼の形式にかかわらず，企業等から独立した立場で，企業等のステークホルダーのために，中立・公正で客観的な調査を行う」（第1部基本原則第2）としている。

ために，あらかじめ実施要領や実施要綱を作成しておくことが望まれる。実施要領や実施要綱は，不正調査組織に調査権限を与えたことを明確にする点でも重要である。

> **失敗事例／チーム編成の失敗**
>
> 　甲社は，ある取引先との共謀による不正が発覚し，内部調査チームを組成し調査を開始したが，内部調査が思うように進まなかった。これは，不正の発覚部門のV部長が不正行為者であり，当該内部調査チームの一員として参画していたからである。
>
> 出所：松澤公貴「9つの失敗事例で原因と対処法を究めるフォレンジックのテクニックと留意点」『旬刊経理情報』中央経済社（平成21年，No.1220）
>
> **解説**
>
> 　内部調査チームをプロジェクトチームとして組成する場合，調査チームの選定に当たっては慎重に行うべきである。通常は，以下の2つのリスクがあり，本事例は後者の失敗例である。
>
> ※調査チームのメンバーから調査の情報が不正行為者等へ漏れてしまうリスク：これは，調査状況が不正行為者に漏れることで，不正行為者が証拠隠滅を図るような調査の妨害が行われる可能性があり，また，調査結果が確定していない段階の情報が，企業等が想定していないタイミングで外部に公表されてしまう可能性がある。
>
> ※調査メンバーに不正行為者が含まれてしまうリスク：これは，当初，不正行為者が特定できていない場合，不正行為者が調査メンバーに含まれてしまうことで，不正行為者は調査状況に応じ，証拠隠滅を図る可能性があり，また，調査を誤認させる情報を調査メンバーに意図的に流し，調査を撹乱する可能性がある。
>
> 　調査メンバーは必要最小限のメンバーで構成し，さらに調査情報は厳密に管理する必要がある。不正調査とその是正措置には，必要に応じて事前に外部の専門家に相談をすることが重要である。また，調査チームが有効に機能するためには調査チームに強大な権限を与え，調査に制約がないようにする

必要がある。

2. 業務委託契約の締結

(1) 業務委託契約書に記載する一般事項

　公認会計士が不正調査を実施する場合，不正調査人は，調査業務の内容について業務開始前に不正調査の依頼者と協議する。契約は当事者が合意すれば成立するが，契約当事者間の誤解を防ぎ，双方の利益を合理的に保護するとともに，後日の紛争を防ぐ観点からも，合意した業務内容を確認するために業務委託契約書により文書化する必要がある。業務委託契約書には，主に以下の内容が記載される。

- ☐　不正調査業務の目的と業務の概要
- ☐　実施する不正調査の手続
- ☐　情報及び資料の真実性・正確性・網羅性の検討方法
- ☐　不正調査業務における成果物とその所有権と利用開示制限
- ☐　不正調査業務の実施予定期間・業務実施予定者
- ☐　不正調査業務に係る報酬
- ☐　損害賠償責任の範囲及び免責事項
- ☐　秘密保持義務の内容
- ☐　契約解除及び契約の終了に関する事項
- ☐　その他

(2) その他の留意事項

①　保証業務との区分

　不正調査業務は，企業等に不正が存在しないことを証明するような業務ではなく，依頼者からの調査依頼に基づいて，依頼者と合意した業務内容を提供する業務である。したがって，業務委託契約書には，受嘱した業務が保証

業務でないことを明記するとともに、保証業務であるとの誤解を与えるような記載を行わないよう留意する必要がある。

② 再委託

不正調査人が不正調査業務を行うに当たり、他の専門家等を利用する場合には、当該再委託業務の範囲等に関する責任の所在について明確にしておく必要がある。

3. 業務の計画と管理

不正調査人は、受嘱した不正調査業務を適切に遂行するために、業務の着手に際して業務計画を策定する。また、不正調査業務の進捗の状況によっては、また、当初の計画と異なる事象が生じた場合には、当該業務計画を適宜修正することにより、不正調査業務を管理する必要がある。なお、大規模な不正調査業務においては、調査業務を管理する事務局を設置することも検討する必要がある。

以下では、不正調査チームにおける業務の計画と管理上の留意点を中心に記述しているが、内部調査委員会や外部調査委員会の委員の場合も同様の留意が必要である。

(1) 初動対応での留意事項

不正調査開始の初期段階においては、早期に証拠保全を行うとともに、業務遂行に当たってのチーム内の情報管理方法を確立する必要がある。これら初動対応事項は、迅速に検討すべきものであり、不正調査の計画策定を待ってから実施するのでは、対応が遅いということも少なくない。また、初動対応の失敗は、その後の不正調査プロセスに影響があるため留意が必要である。主な初動対応における検討事項は以下のとおりである。

☐ 適時開示の検討（特に初回公表時期の決定）

- [ ] ステークホルダー[17]への報告の検討
- [ ] 情報の収集方法と証拠保全の方法
- [ ] 不正調査組織内における情報統制とマスコミ対応
- [ ] インサイダー取引規制への該当性判断及び対応
- [ ] 調査対象者等への対応
- [ ] 調査実施担当者の選任と事務局設置の検討
- [ ] ホットライン設置の有無の検討

(2) 不正調査環境の整備と情報の統制

　初動対応の後又は初動対応と並行して，不正調査実施のために，不正調査環境の整備を図る必要がある。一般的に不正調査は膨大な資料の閲覧や多数の関係者へのインタビューを要することから，調査対象となる組織内に不正調査業務を行うためのスペースを確保するのが通常である。

　これら不正調査実施のために不正調査環境を整備するに当たっては，情報の統制を行い，調査情報が不用意に不正調査組織の外部に漏洩することがないよう注意する必要がある。

① 不正調査チーム専用の作業スペース（部屋）の確保

　調査対象となる企業等の組織内に作業スペースを確保し，そこで不正調査を実施する場合，セキュリティの観点から，不正調査チームの打合せ内容が，その調査対象者の従業員等に漏洩しないよう，個室を確保してもらう必要がある。なお，作業スペースに使用する部屋には，関係者以外が立ち入ることがないよう，施錠のできる部屋を使用し，鍵は不正調査チームが管理しなければならない。また，インタビューに当たっては，インタビュー対象者の発言が外部に漏洩することがなく，プライバシーが確保され，また，話がしやすい環境を提供するため，不正調査チーム用の部屋とは別の部屋を用意する

---

[17] 「ステークホルダー」の指す内容については，「Ⅷ1.(2)ステークホルダーの範囲」を参照。

必要がある。

② 不正調査チーム専用の各種機器の使用

不正調査においては，事実判断に用いた証拠書類を後に提示できるようコピーを取っておくことが望ましい。また，作成した書類を基に頻繁な打ち合わせが実施されることも想定される。そのため，セキュリティの観点も含め，不正調査チームの作業スペース内で，不正調査チーム専用のコピー機やプリンターが使用できるようにする必要がある。また，不正調査の実施場所が複数にわたる場合，電話会議システムやテレビ会議システムなど，情報集約のための不正調査環境を整備する必要がある。また，この際にも情報セキュリティには配慮しなければならない。

③ 盗聴器の有無の定期的なチェック

調査対象となる企業等の全体が組織的に不正を行っている場合や不正の実行者が判明していない場合など，状況によっては，調査情報の盗聴がなされている可能性もある。そのため，盗聴器の有無については定期的にチェックを行っておく必要がある。

④ ホットラインの設置

調査対象となる企業等の従業員は，疑われている不正の事実について，不正調査に有益な情報を持っている可能性がある。また，既に発覚している不正とは別の不正が存在し，従業員がその存在に気づいている可能性もある。ホットラインの設置は，これらの情報を収集するのに効果的な不正調査の手続である。

(3) ワークプランによる業務管理

不正調査業務の計画立案時に具体的なワークプランを策定する必要がある。ワークプランで管理すべき事項は主に以下のとおりである（「図表Ⅲ-2」を参照）。

① 重要なマイルストン[18]

業務における重要なマイルストンを明確にするとともに，当該マイルストンに向けて必要な作業を明確にする必要がある。主なマイルストンは以下のとおりである。

- ☐ 調査対象となる企業等で必要な承認の手続
- ☐ 取締役会，監査役会への調査状況及び結果の報告（中間，最終等）
- ☐ 証券取引所，財務局，規制当局への対応
- ☐ 公表のタイミング（不正発覚時，調査体制決定時，調査終了時等）
- ☐ 監査人への説明
- ☐ 金融機関，取引先への説明
- ☐ その他のステークホルダー（例えば，大株主）への説明

② 業務の実施担当

重要なマイルストンに至るための業務内容を明確にし，当該業務実施に当たり必要とされる不正調査人の能力とリソースを明確にする。そして，担当を決定するとともに日程を仮決定する。なお，変更があった際には適宜修正することになる。

③ 調査場所

不正調査の内容によっては，調査の実施場所が複数の拠点に及ぶことも想定される。その場合，ワークプランには，調査の実施場所を含め，移動時間を含め効率的に管理できるようにする必要がある。

---

[18] マイルストンとは，プロジェクトの中で工程遅延の許されないような大きな節目のことであり，不正調査においては，マイルストンに対する進捗をモニタリングし，必要に応じて適宜工程の修正を行って新たに計画を立て直し，実施するという方法でプロジェクトを進める必要がある。進捗管理表上でマイルストンを表示すると，不正調査における主要なポイントが可視化できる。

④ 調査項目の設定

　調査目的を達成するために必要な調査手続を策定するとともに，これを調査項目として作業レベルに分解する。その上で，各調査項目の実施時期を検討し，非効率にならないよう実施時期を調整する。また，調査項目ごとの作業量を検討し，必要な人員配置を行うとともに作業の開始と終了時期を決定する。

　他の調査項目との関連で作業開始時期が決まってしまう場合もあるが，重要なのは，作業終了時期とマイルストンとの関係である。マイルストンまでに何の調査項目が完了していなければならないのか，完了するためには，い

◆図表Ⅲ-2　ワークプランの例◆

	March																April									
	16	17	18	19	20	21	22	23	24	25	26	27	28	29	30	31	1	2	3	4	5	6	7	8	9	10
Milestone																										
情報収集・分析																										
インタビュー		□	□	□	□									□	□	□	□	□								
PC等の解析			□	□	□	□									□	□	□	□	□	□						
信用調査				□	□	□																				
仮説①																										
検証手続A							□	□	□	□																
検証手続B								□	□	□	□															
検証手続C								□	□	□	□															
仮説②																										
検証手続A																				□	□	□	□			
検証手続B																					□	□	□	□		
検証手続C																					□	□	□	□		

❶ 主な重要なマイルストン
・調査対象となる組織で必要な承認の手続
・取締役会，監査役会への調査状況及び結果の報告（中間，最終等）
・証券取引所，財務局，規制当局への対応
・公表のタイミング（不正発覚時，調査体制決定時，調査終了時等）
・監査人への説明
・金融機関，取引先への説明
・大株主等，その他ステークホルダーへの説明

❷
・タスクの実施担当
・調査場所
・当該タスクの開始日及び終了予定日
・他のタスクとの関係
・その他

不正調査人は，適切に業務管理を実施しながら不正調査を実施する必要がある。

×試行錯誤アプローチ
○仮説検証アプローチ

不正調査の再現可能性を担保する

出所：日本公認会計士協会　夏季全国研修「不正調査ガイドライン」資料（平成25年8月22日）

つからどのくらいの人員配置で調査をしなければならないのかを検討する必要がある。

> **失敗事例／初動調査の失敗**
>
> 　子会社である乙社において通報窓口に匿名にて不正に関する通報があったものの，通報内容が断片的で不完全な情報等の通報があったため，通報受付部署がこれを放置し，結果として社内の不正が外部のインターネット掲示板に直接書き込まれ，不正が公になってしまった。
>
> **解説**
>
> 　通報を受けた事項に対しては，明らかに通報内容に疑問点がある場合等を除き，適切な調査が実施されるべきである。本事例は，通報内容を適切に評価せずに放置してしまった失敗例である。通報情報は完全な情報とは限らないため，断片的で不確実性の高い情報・不完全な情報等の通報があった際に，「あてにならない情報だから放置していい」，「軽々しく動かない方がいい」，または，「動く必要はない」という消極的な姿勢をとる関係者が多いようであるが，何も行動を起こさなければ，それ以上に信頼性の高い情報が入手できる機会も失われることになり，この消極的な姿勢は不正行為の潜在的なリスクを放置しているだけとなる。
>
> 　本事例の場合，通報情報の内容が完全でない以上，真偽を確かめるべく更なる情報を入手する等の初動調査を実施する必要がある。本事例は，匿名の通報であるが，例えば通報者が判明している場合，更なる情報を入手するためには，まず通報者と面談することが必要であり，通報者が持っている情報・証拠書類等はすべて提示してもらうべきである。本格的な調査が必要と判断された場合には，通報者に対して調査を開始する旨の通知を送付することとなり，実際に調査チームを編成し調査を進めていくことになる。
>
> 出所：松澤公貴「9つの失敗事例で原因と対処法を究めるフォレンジックのテクニックと留意点」『旬刊経理情報』中央経済社（平成21年, No.1220）

失敗事例／業務管理の不備

　丙社は，財務諸表の虚偽記載の発覚に伴い，外部調査委員会を組成し調査を開始した。丙社は外部調査委員会の調査の進め方について要望をすべきではないと考え，外部調査委員会に対し調査工程の開示を求めることを控え，また，重要なマイルストンのすり合せを行わなかった。その結果，調査終了が丙社の想定よりも大幅に遅れ，丙社が気付いた時には決算発表の期限を延長しなければならない状況になってしまった。外部調査委員会は調査開始にあたり適切なワークプランを作成しておらず，重要でない関与者の大量の電子メールを読み込むことに時間を費やしてしまい，丙社の決算スケジュールを念頭に置いた調査の工程管理ができていなかったことが後に判明した。

解説

　上場企業で会計不正が発覚した場合，非常に短期間で様々な対応が要求される場合がある。不正調査人は，決算業務に関するマイルストンを意識して具体的なワークプランを策定すべきである。

　本事例では，外部調査委員会は丙社から独立した立場で調査を進めている。また，調査には必要な時間をかけるべきであり，不十分な調査で調査報告書を提出すべきではないことは言うまでもない。しかしながら，丙社に対し何らの説明もなく延々と不必要な調査を継続するわけにはいかない。まずは，丙社と外部調査委員会の間で何がマイルストンとなるのかをすり合せ，何時までにどのようなスケジュールで調査を実施するか，また，調査を終了させることが可能かどうか議論をし，調査を実施する過程で新たな事実が判明し，調査範囲を拡大せざるを得ないということになれば，外部調査委員会は，その時点で有価証券報告書の提出期限の延長等，マイルストンの再設定を丙社に対し求めるべきである。

4. 他の専門家等の利用及び協働

（1）他の専門家等の利用

　不正調査チームで能力とリソースが賄えない場合において，不正調査業務の目的を達成するために，他の専門家等を利用するという状況がある。例えば，不正関与者の背景情報を入手するために民間調査機関を活用する場合などがこれに該当する。

　他の専門家等の調査結果についても，不正調査業務を受嘱した不正調査人が責任を負う可能性がある。そのため，他の専門家等の利用を検討する際には，当該専門家等の能力，独立性等の適格性，業界等での評判，他の専門家等が所属する団体や協会等の処分の状況等を調査する必要がある。その上で，調査目的を達成するための十分な能力や資質を有しているか，慎重に判断する必要がある。

　また，依頼する調査目的，依頼する手続の範囲及び手法，対象期間等に関して，不正調査人と他の専門家等の間に認識の相違が生じることがないよう十分に留意しなければならない。

（2）他の専門家等との協働

　不正調査の規模又は性質によっては，他の専門家等と協働して不正調査業務を行うことが考えられる。例えば，多くの場合，不正関与者の責任の所在の検討，契約条件，法令解釈など，結果に対する法的な判断が必要となる。その場合，法律の専門家である弁護士と協働で不正調査を実施することとなる。そういった協働の場合，法的な判断については，弁護士が行うことになる。

　不正調査人は，他の専門家等と協働するに際しては，双方の業務範囲を明確にし，手続の脱漏又は重複等は発生しないよう，密接にコミュニケーションを図る必要がある。

Ⅳ

不正調査に関係する情報の収集と分析

　本章は，主に仮説検証アプローチにおける情報の収集と分析につき記載しています。不正調査を実施するに当たっては，調査の過程で収集した情報が，仮説を検証するに足る適格性等を備えたものである必要があり，最終的には訴訟になるという前提の下で証拠の収集を行う必要があります。

1. 仮説検証アプローチにおける情報の収集と分析の位置付け

不正調査人が採用する不正調査の手法は，仮説検証アプローチである。不正調査人が不正調査を実施する場面は，不正が発覚したときだけではなく，不正の発生が疑われる場合や不正を示唆する状況を識別した場合もある。この場合，不正の兆候等から想定される手口は複数あるため，広範な情報の収集によって，より多くの兆候等を把握し，仮説検証アプローチによる分析を行うこととなる。

仮説検証アプローチで不正調査人は，必要な「情報の収集」，収集した「情報の分析」，不正の手口に対する「仮説の構築」，及び構築した「仮説の検証」を実施するというサイクルを繰り返すことで実態を解明することになる。仮説検証アプローチについては，次章「Ⅴ 不正に対する仮説の構築と検証」で詳述する。

不正調査人は，不正調査の実施に当たり，調査の目的及び計画に基づき，不正の背景，手口，損害等の影響額を合理的に把握し，また，不正の原因や是正措置案を検討することが求められる。これらを実施するために，まず関連する

◆図表Ⅳ-1　仮説検証アプローチのイメージ◆

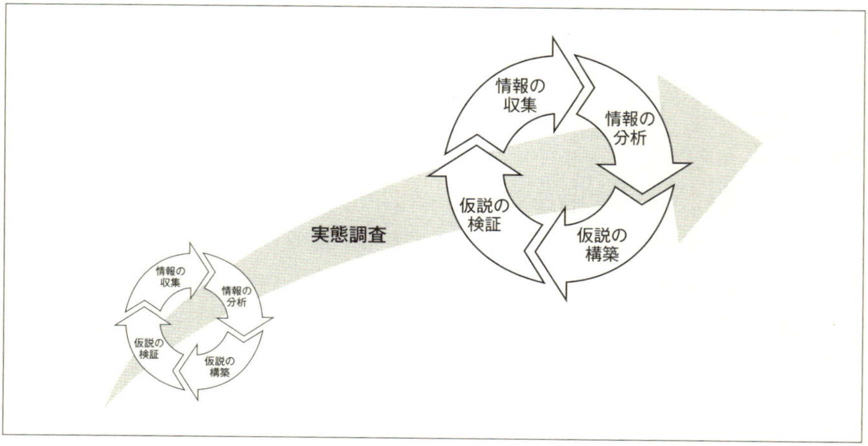

情報を収集することが必要となる。情報の入手先は多岐にわたり，形態も紙媒体のハードコピーのみならず，最近では，コンピュータ等に保存された電子データの重要性が高くなっている。

具体的には，調査対象となる不正の事実関係，直接的・間接的な原因と関連すると考えられる依頼者や調査対象者等の置かれた環境，個人・法人の略歴やバックグラウンドを理解するための業界・業種の特徴，取引慣行，更には，評判等に関する情報も対象となる。そのため，不正調査人は，関係者だけのヒアリングのみをもって不正調査を結論付けることはせず，広範囲からの情報の収集と分析に努めることになる。

2. 情報の収集方法と法的面での留意点

一般的に不正調査における情報の収集においては，様々な情報源が想定される（「図表Ⅳ-2」を参照）。さらに，情報の種類は様々であり，入手するための手続により証拠としての価値（証明力）が著しい影響を受けることが考えられる。この情報源により，また，各情報源から入手される情報の形態により，その収集方法やその際留意すべき事項が異なってくる。

不正調査業務の過程で収集する情報は，適法な方法で入手できる情報に限定される。違法な方法で入手した情報は，その行為の違法行為性やそれに伴う証拠としての価値（証明力）の点からも，使用してはならない。また，収集できる情報は，その情報が存在する国又は地域により異なる。そのため，情報の収集に際して不正調査人は，その国又は地域の専門家に相談する必要がある。

(1) 情報の収集源別分類
① 公開情報の利用

不正調査案件の内示等を受け，不正調査業務に関する業務委託契約の可否の判断をする段階から，情報の収集は開始される。この段階においては，依頼者が保有する情報を含めた非公開情報の入手は不可能であるため，以下の

◆図表IV-2 主な情報の類型の例◆

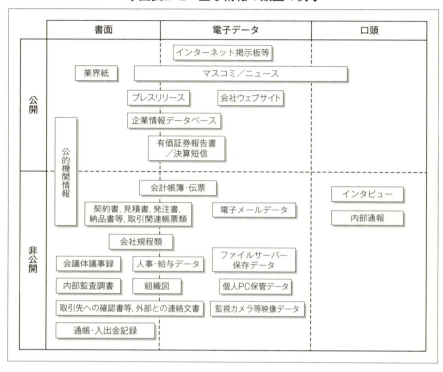

ように様々な媒体に公開されている情報を収集することとなる。

- ☐ 調査対象者等である会社のウェブサイト，有価証券報告書／決算短信といった財務情報
- ☐ 企業情報データベース
- ☐ 業界紙
- ☐ プレスリリース／マスコミ報道／ニュース記事
- ☐ インターネット掲示板等
- ☐ 裁判記録，登記情報
- ☐ 公的機関又は私的機関にて公表されている情報

公開情報については，入手が容易であるというメリットはあるものの，特に

インターネット上の情報等の場合，その情報の真偽について注意を払う必要がある。また，入手可能な公開情報は，国又は地域によって異なる。そのため，既述のとおり，公開情報の収集に際しては，その国又は地域の専門家に相談する必要がある。

② 非公開情報の提供

既述のとおり，通常の不正調査では，法的な強制力や捜査権限によって強制的に情報の収集を行うことは不可能である。したがって，非公開の情報源からの情報収集は，基本的に任意の情報提供による部分が大きい。

不正調査の依頼者が保有する情報については，不正調査人と依頼者の間で締結される業務委託契約書の中で協力義務を付すことから，提供を求めることが可能と思われる。しかしながら，調査対象者等に帰属する情報や取引先といった外部の関係者に帰属する情報については，情報の入手が困難なケースがしばしば生じる。

また，必要な情報を収集するために，外部の興信所を利用するなど様々な方法が考えられる。調査対象となる個人のプライバシーや名誉を侵害するような手法や入手方法で非公開情報を収集した場合，その行為そのものが違法行為となる可能性がある。このような場合，収集した情報についての証拠能力に影響を与えることとなる。

通常，調査対象者等に提供を求める非公開情報は，主に以下のとおりである。

　ア．一般的な情報
　　□　法人の資本関連図
　　□　不正関与者等の略歴
　　□　氏名入り組織図と問合せ先
　　□　職務権限書／業務記述
　　□　業務フロー表

- [ ] 各種規程類
- [ ] 取締役会及び監査委員会議事録
- [ ] その他会議体の議事録
- [ ] 施設所在地
- [ ] 文書保存場所

イ．財務関連情報
- [ ] 過去の財務諸表／直近の監査済財務諸表／監査報告書
- [ ] 税務申告書
- [ ] 過去及び現在の管理会計資料（予算／実績管理表等）
- [ ] 会計に関する帳票（総勘定元帳，関連科目の補助簿，仕訳帳等）
- [ ] 資金繰表／銀行取引明細書／通帳
- [ ] 賃金台帳／給料台帳
- [ ] 請求書や他の取引の証憑書類（船荷証券，預金入金票，納品受領書，小切手等）
- [ ] 契約書

ウ．その他情報
- [ ] システム鳥瞰図／システム管理者と問合せ先
- [ ] 電子メールに利用可能なバックアップテープとメインシステム
- [ ] 経営者による内部統制の評価
- [ ] 内部監査報告書
- [ ] 過去や現在進行中の不正調査関連資料
- [ ] ホットラインの記録

(2) 情報の形態別分類
① ハードコピー（紙媒体）の情報
ハードコピーの情報は，不正調査の情報の収集において従来から最も多く

利用される形態である。不正調査の過程で不正調査人が照合，通査や内容の吟味を行う対象として利用してきた。改竄等の痕跡が比較的残りやすい形態でもあるといえる。不正調査においては，基本的に書類の原本を確かめなければならず，証拠として写しを確保する際に，原本との同一性を証明できるよう，情報の整理が必要となる。

- ☐ 会計帳簿・伝票等
- ☐ 契約書，見積書，発注書，納品書等，取引に関する帳票類
- ☐ 会議体の議事録
- ☐ 内部監査の調書
- ☐ 取引先等への確認等，外部との連絡文書
- ☐ 手書きのメモ

ア．公的情報等

公的機関において保有している情報についても，不正調査の過程で有用なものが存在する。ただし，そのような情報であっても必ずしも公開情報ではないものも多く存在する。このような場合，弁護士に依頼し情報を集める「弁護士会照会制度[19]」を利用する等の方法により，情報収集が可能な場合もある。

- ☐ 商業登記簿謄本
- ☐ 住民票
- ☐ 戸籍謄本
- ☐ 不動産登記簿
- ☐ 課税証明
- ☐ 評価証明

---

[19] 弁護士会照会制度とは，弁護士が依頼を受けた事件について，証拠や資料を収集し，事実を調査するなど，その職務活動を円滑に行うために設けられた法律上の制度（弁護士法第23条の2）である。個々の弁護士が行うものではなく，弁護士会がその必要性と相当性について審査を行った上で照会を行う仕組みになっている。

イ．信用調査（法人，個人）等

　一般の信用調査会社等から入手する情報には，不正に関係する企業，団体に係る財務状況，経営成績，経営環境，出資状況及び経営者等の個人の経歴等が含まれており，不正の原因分析等に有用な情報が入手できる場合がある。

ウ．不正関与者等の個人通帳（任意提出）等

　多くの不正では，金銭的な便益を不正関与者が享受している。そのため，調査対象者等の金銭の流れを証する預金通帳等は，不正の事実を調査する上で非常に重要な情報を含んでいる場合が多い。ただし，預金通帳は個人の所有するものであり，個人情報を含むものであることから，提出は任意であるのみでなく，提出を受けた後の個人情報の管理を厳密に行わなければならない。

② 電子データによる情報

　近年では，企業等の経理をはじめとする業務や各種連絡・通知等においてコンピュータをはじめとする様々な電子機器が不可欠となっている。こういった電子機器で作成された各種の文書やデータに関して，紙に印刷されないものも多くなっている。

　また，不正においては外部の共謀者が存在するケースが少なくなく，電子メールを分析することにより，共謀者の存在や，不正の事実が判明することがある。このような電子データそのものを収集，分析することが不正の実態の解明において重要な手続となる。

ア．調査対象となる電子データ

　電子データは，構造の違いから，構造化データと非構造化データに分類され，それぞれの特徴に応じて分析方法や手法が採用されることになる。

　構造化データ（ストラクチャードデータ）とは，情報システムを構築す

る際に設計されたテーブルや，データウェアハウスのデータなど，一定の構造を有したデータである。会計ソフトで作成されたデータなどは典型的であり，伝票番号，起票日，入力日，勘定科目など一定の構造に基づくデータが作成されている。複数のテーブルでの関連付けなどが行われやすく，構造上定義されたデータをキーとした体系的な分析が行いやすいという特徴を持つ。

　一方，非構造化データ（アンストラクチャードデータ）は，構造化データと対になるもので，データ項目等，一定の構造を持たない。そのため，関連付けされたデータベースとしての利用は困難なものとなる。その反面，非定型的な不正に関するデータが含まれる場合も想定される。非構造化データには，各人が作成した文書，電子メール本文や，画像，音声等も含まれる。

　これらを分析するに当たっては，データ全体から必要な情報を検索することとなり，効率的に分析するには，適切なツールの利用や適切な手法の採用が重要となる。

- [ ] PC等のHDDに残存しているデータ
- [ ] メール・サーバやファイル・サーバ等のデータ
- [ ] 監視カメラの映像データ
- [ ] 会計データ，取引データ（購買管理，販売管理，原価計算等）
- [ ] 人事・給与データ
- [ ] 音声等のデータ
- [ ] デジタルカメラ
- [ ] 携帯電話
- [ ] リムーバブルメディア（HDD，USB，CD，DVD，メモリーカード等）

イ．電子データの特徴

　電子データは，サーバやPCなど日頃稼働している機器に保管されてい

るケースが多い。調査対象となる電子データによっては,システムそのものや,複数の利用者のアクセスにより,そのデータが変更や上書きをされるという事態がしばしば起こる。また,電子データの性格上,直接証拠を目視することが不可能であり,一定の機器を利用しなければ証拠そのものを検討することもできない場合もある。また,電子データが改竄された場合であってもその痕跡が残らない場合も多く,証拠として脆弱な面がある。

　また,不正調査人による調査手続として,機器の回収や電子データを取得する過程で,意図しないデータの破壊や改変のために,本来入手できるはずの証拠を喪失してしまう可能性があることに留意する必要がある。例えば,シャットダウンに伴う一時ファイルの喪失や,ファイルへのアクセスによるタイムスタンプの上書きなどによって,必要な証拠が失われる可能性がある。

　仮に調査対象のデータに変更が生じなかったとしても,不正調査人による電子データの取得・保管等に際して,証拠保全の手続が不完全であるために,電子データに基づく証拠の信頼性について争いが生じる可能性もある。例えば,調査着手前の状態（オリジナルの情報）が保存されておらず,不正調査人の分析手続を再現できないような場合がある。

　一方,不正関与者によりデータが消去されるなどの場合であっても,そのアプリケーションデータの記録方法やその消去方法によっては,対象データが復元,収集可能なケースもある。そのため,オリジナルの情報の取得・保存,証拠収集,分析手続の再現可能性の確保を通じて,証拠としての価値の保持を図るために,デジタル・フォレンジック手続を実施することが重要となるケースが想定される。

ウ．個人所有機器の電子データ

　収集・分析の対象となる電子データが,依頼者所有のサーバやPC等の機器であれば,その中に保管されている情報について,使用者個人の情報が含まれていたとしても,収集等を行う一定の権利が認められる場合が多

いものと考えられる。しかし，近年では調査対象と想定される機器は多岐にわたり，特に共謀等を立証する証拠となり得る通信内容は，個人が所有する携帯電話，スマートフォン等に含まれている場合が考えられる。

　個人所有の機器を業務等に利用している実態がある場合，その機器を調査の対象とし得るか否かは，利用制限等に関する社内規程の存否によって影響してくる。かかる社内規程が存在しない場合には，対象機器の所有者の任意の同意を得る必要がある。また，個人所有の機器の場合には，所有者の個人情報等，プライバシーに係る情報が多く含まれることが想定されるため，この点を配慮する必要がある。

③　その他の形態
ア．関係者からのインタビュー等の口頭証拠
　不正調査においては，調査の過程で通報者，被害者，調査対象者等，その他関係する人物へのインタビューが，事実関係の検証を行う上で重要な調査手続の一つとなる。

　その反面，任意で実施するインタビューにおける供述は，虚偽の内容，思い込みや記憶違いなどから生じる誤りも存在する可能性が高くなる。また，裁判等に発展した際，インタビュー対象者が発言を翻す，又は圧迫的なインタビューの実施や発言の強要等があったことをインタビュー対象者が主張することで証拠能力や証拠力の喪失等のリスクも高いものとなる。そのため，供述の任意性，信頼性の確保が重要となり，実施する場所や時間，質問の内容，口調等，様々な点に注意が必要である。

　さらに，インタビューの内容については，適切に文書化することが必要となる。そして，当該文書に記載されたインタビューの内容について，インタビュー対象者に確認のサインを得るなどの手続も併せて行うことで証拠力を確保することが望ましい。

一般的に，インタビュー[20,21]においては，調査対象となる不正に関係した事実を入手することに十分な時間をかけ，より深い内容の供述を入手できるようにする必要がある。インタビューを通じて，全ての適切で核心をつく情報が入手でき，無関係の情報を排除できるようにするためには，インタビュー実施前にどのような情報が重要で，どのような情報を入手するためにインタビューを実施するのかということを明確にしておくことが重要である。

　なお，インタビューにより有用な情報が得られるか否かは，基本的にインタビュー対象者の協力の程度にかかっており，不正調査人はインタビュー対象者との間に一定の信頼関係を構築する必要がある。そのため，情報収集のために実施するインタビューは，公正でかつ公平な態度により行われなければならない。

イ．対象資産等現物（視察，観察，実査等）

　対象資産等の視察，観察又は実査等は，不正な行為や取引等に関連する資産の現物を確認する調査手続である。財務諸表監査の手続として行う実査と同様に，資産の現物を実際に確かめることで資産の実在性に関する証拠を入手できる。例えば，数量の水増しによる架空棚卸資産の計上を伴う不正であれば，調査対象資産の実査を行うことが効果的である。

ウ．監視（Surveillance）

　監視は，特定の調査対象者等や関連する場所，物に対する継続的な観察による情報収集活動であり，主に調査対象者等に不正調査人の活動を秘匿

20　詳しいインタビューの手法については，『不正検査士マニュアル 2005-2006 日本版 改訂版Ver.1.01』（平成22年，日本公認不正検査士協会）を参照。
21　松澤公貴「不正調査の専門家によるインタビューテクニック～入門編：効果的な情報収集のためのポイント～」『季刊 企業リスク』（平成21年10月，有限責任監査法人トーマツ）を参照。

して情報を収集するために行われる調査手続である。例えば，従業員による棚卸資産の横領が疑われる場合に，倉庫の出入りを監視することで不正な持出しの現場を確認するような手続である。

監視は，一般的に移動監視（尾行）と固定監視（張込み）に大別され，物理的な監視だけでなく，録画機器・録音機器等を利用した監視も行われる。企業等が防犯目的や内部管理目的のために録画機器・録音機器等の監視機器を設置している場合には，それらに記録された情報の調査を行う場合もある。このほか，コンピュータやデータベースに対する監視，電子メールやアクセスログの監視による調査が行われる場合もある。

監視の実施に当たっては，その活動に伴って違法行為や調査対象者等に対するプライバシーの侵害等が発生しないよう留意が必要である。不正調査人が直接実施する場合はもちろん，民間調査機関等を利用して実施する場合である。民間調査機関等を利用する場合，違法行為につながりかねない依頼や指示を行わないように留意する必要がある。また，事前に法律の専門家に相談するなど，適切で慎重な検討が必要である。

なお，我が国において，「他人の依頼を受けて，特定人の所在又は行動についての情報であって当該依頼に係るものを収集することを目的として面接による聞込み，尾行，張込みその他これらに類する方法により実地の調査を行い，その調査の結果を当該依頼者に報告する業務」は「探偵業務」とされており（探偵業の業務の適正化に関する法律，第2条），これを業として行う場合には探偵業法の規制を受けることに留意が必要である。

失敗事例／電子データの収集の失敗①

甲社において先行売上が行われているという不正の兆候があった。不正調査人は，売上データの分析のため，IT部の担当者に売上データを抽出してもらった。しかしながら，全ての売上データを抽出したつもりが，後になって特定部署の売上データが漏れていたことに気づいた。当然のことながら不正調

査は振出しに戻った。

出所：松澤公貴「9つの失敗事例で原因と対処法を究めるフォレンジックのテクニックと留意点」『旬刊経理情報』中央経済社（平成21年，No.1220）

失敗事例／電子データの収集の失敗②

不正調査人W氏は，容疑者の行動記録を分析するために，容疑者が会社から貸与されたPCの内部のデータを取得し，調査した。数年後，当該容疑者の別の不正が発覚し，別の不正調査人X氏が調査を実施した。サーバ内に以前不正調査人W氏が調査したものとは別の事実が保管されていた。

出所：松澤公貴「経営研究調査会研究報告第51号「不正調査ガイドライン」の実務上のポイント」『旬刊経理情報』中央経済社（平成25年，No.1366）を修正

解説

全ての不正調査に電子的な情報が必要となるわけではないが，電子データの収集には通常以下のような失敗があるため「情報の収集」には非常に留意が必要である。本事例は，電子データの調査母集団の識別を誤った典型的な失敗例である。会社のIT統制を正確に理解し情報の収集を実施することが重要である。

※調査母集団の識別を誤ることによる失敗
※データ要件の定義を誤ることによる失敗
※使用するクエリを誤ることによる失敗

参考／インタビューにおける質問の種類

情報収集のためのインタビューは，通常，挑戦的，威圧的ではない情報収集を目的としてなされるインタビューであり，質問内容は偏見のない，事実としての情報を集めるために実施されるべきである。面接は，真偽を見極めるために，事実や行動の矛盾点に留意する必要がある。情報収集のためのインタビューで行われる主な質問形式は以下のとおりである。

- 開かれた質問（Open Questions）：開かれた質問は，「はい」「いいえ」で答えることが困難な質問のことであり，応答内容を被面接者に委ねる

質問形式のことをいう。被面接者は，開かれた質問で問いかけられると，質問に答えるために考える時間を必要とする。開かれた質問に対する応答は様々な情報を含んでいる可能性が高いため，その後の会話の深まりが期待できる。よって，情報収集のためのインタビューにおいては，面接者は原則として開かれた質問を実施するように努めるべきである。なお，開かれた質問には，主に導入のための質問（「どのようなことでいらっしゃいましたか。」等），具体例を引き出す質問（「具体的にお話いただけますか。」等），経過を聞く質問（「それでどうなりましたか。」等），感情を聞く質問（「どのように感じましたか。」等）の4種類がある。

- 閉ざされた質問（Closed Questions）：閉ざされた質問は，正確な回答が求められる質問であり，相手が「はい」「いいえ」あるいは一言で答えられるような質問形式のことである。通常は，金額，量，日付，時間といった特定的な事項を扱う。被面接者は，閉ざされた質問に対する応答は「はい」か「いいえ」あるいは一言で答えることが可能なため，答えるために考えこむ必要がほとんどなく，面接者は得たい情報だけを得ることができ，被面接者は答えるのに苦労しなくて済むことになる。しかしながら，情報収集のインタビューにおいては，限定的に用いるべきである。
- 誘導質問（Leading Questions）：誘導質問は質問の一部に答えが含まれている質問形式のことである。既に知られている事実を確認するために用いられる。なお，通常，裁判の過程では排除されるが，状況によっては効果的に用いることができる。
- 複雑な質問（Complex Questions）：複雑な質問は，二つ以上の主題が含まれ複雑すぎてわかり難く，かつ／又は複雑な回答を必要とする質問形式である。複雑な質問は，避けるべきである。

出所：「不正調査の専門家によるインタビューテクニック～入門編：効果的な情報収集のためのポイント」『企業リスク』トーマツ企業リスク研究所（平成21年10月）より引用

失敗事例／インタビューでの失敗

　乙社のコンプライアンス部のＸ氏は，元警察官である。Ｘ氏は内部通報で得た不正に関する情報を調査するため社内のＹ氏に対してインタビューを依頼した。Ｙ氏は「忙しい」ことを理由に何回も断り続けていた。そのようなＹ氏の行為を不快に感じていたＸ氏は，インタビュー当日，Ｙ氏の「覚えていない」「わからない」という発言を不愉快に感じ，机を叩いて感情的になってしまった。以後，Ｙ氏に対してインタビューがしにくい状況となってしまった。

解説

　インタビュイーが質問等を拒否する可能性は常に存在するものの，本事例においては未熟なインタビュアーが，インタビュイーが抵抗している訳でもないのに，そのように思い込んでしまった典型的な失敗例である。特に「情報の収集」のためのインタビューにおいて得られる情報は，インタビュイーの発言だけではなく，行動も重要な情報となる。インタビュイーの眼の動き，態度，言葉の長さや話す速さ，時間的コミュニケーション近接学，時間額，動力学，パラ言語等を注意深く観察する必要がある。「情報の収集」のためのインタビューにおける一般的な手順が，質問は一般的なものから具体的なものへと移行する，既に確認した情報から未確認の情報へ移行するものである「情報の収集」のためのインタビューにおけるポイントを列挙すると以下のとおりである。

　※インタビュイーに，敵意を抱かせる可能性の少ない質問から始める。なお，いかなる質問も問い詰めるようなものであってはならない。
　※時間的な経過や体系に沿って，事実を確認するように質問する。
　※一度に一つの質問を行ない，回答が一つだけ求められる質問にする。望ましい結果を得るために，必要であれば質問を繰返す。
　※繊細ではない質問から繊細な質問へ移行し，直接的で明らかな質問をする。なお，事実と事実以外（意見，推測）を明確に区別する。
　※インタビュイーに回答するための適度な時間を与え，急かせない。

※インタビュイーが思い出すことを手助けするようにすべきであるが，回答を提案しない。
※インタビュアーがインタビュイーの回答を理解していることを確認し，また，インタビュイーに回答を修正させる機会を与える。
※回答の正確さを確認するため，割合，比，時間や距離の推測などを用いてインタビュイーに比較させるようにする。
※インタビュイーから全ての事実を入手する。
※自発的に情報を提供しない者に対しては，積極的に情報提供を依頼するようにする。

出所：松澤公貴「9つの失敗事例で原因と対処法を究めるフォレンジックのテクニックと留意点」『旬刊経理情報』中央経済社（平成21年，No.1220）

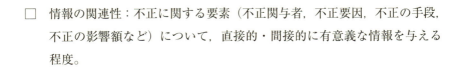

3. 情報の十分性と情報の管理

(1) 情報の十分性

不正調査を実施するに当たっては，調査の過程で収集した情報が，仮説を検証するに適格性（質的十分性）及び量的十分性を備えたものである必要がある。情報の適格性[22]とは，情報の関連性（Relevance），信頼性（Reliability）及び適時性（Timeliness）を備えたものであり，各要素は以下のように定義される。

□ 情報の関連性：不正に関する要素（不正関与者，不正要因，不正の手段，不正の影響額など）について，直接的・間接的に有意義な情報を与える程度。

---

22 情報の適格性は，The Committee of Sponsoring Organizations of the Treadway Commission :COSO（2009），"Guidance on Monitoring Internal Control Systems"，八田進二・太陽ASG有限責任監査法人（監訳）『COSO内部統制システム モニタリングガイダンス』（平成21年8月，日本公認会計士協会出版局）を参考に記載している。

- □ 情報の信頼性：正確かつ検証可能で客観性のある情報源から得たものであるかの程度。証拠の形態，原本との同一性の検証などで確認される。
- □ 情報の適時性：入手した情報と仮説の内容の時間的な関連性・整合性の程度であり，主に調査対象となる不正の発生時点と，調査手続により入手可能な情報の作成時点・基準時点の一致の程度である。

なお，情報の量的十分性は，収集した情報が調査過程で立てた仮説の検証に十分な情報量であるか否かについて，検討する必要がある。

◆図表Ⅳ-3　情報の適格性（質的十分性）◆

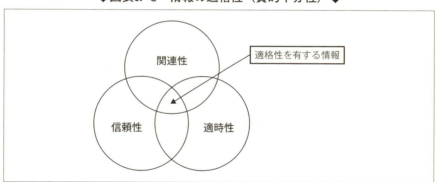

(2) 情報の管理

不正調査の過程において，収集した情報については，裁判等の証拠として利用されることを想定し，その証拠としての価値が保持されるよう留意が必要である。よって，情報の適格性が保たれるよう，入手した情報については，入手の時期，入手先，入手方法等を併せて記録・管理することが重要である。調査の過程において，検証しようとする内容との関連性も留意し整理，保管することが求められる。

また，証拠として収集した情報については，調査対象となった者のプライバシーに関する情報も含まれることが考えられるため，情報の流出等についても

相当な注意を図る必要がある。調査終了後の情報の取扱いについても，不正調査人による保管・破棄，依頼者への引き渡し等の処理方法について，タイミングを含めあらかじめ明確にしておく必要がある。

4. 情報の分析手法[23]

情報の分析には，主に財務記録を中心に分析を行う財務分析とそれ以外の情報を中心に分析を行う非財務的な分析がある。不正に関連して収集した情報を分析する場合には，両者を単独又は組み合わせて分析することが重要である。

比較する情報間の関係に異常を生じさせる事象が，調査の対象となる不正以外には存在しないということが確認されていれば，把握された異常点を不正の兆候と捉えることが可能である。しかし，不正以外の要因によってデータ間の整合性に影響を与える特別な状況が存在するのであれば，その影響を取り除いた上で分析を行う必要がある。

不正調査人は，情報の分析の実施目的と適用可能性を十分理解した上で，調査対象者等の財務報告作成プロセスや事業内容等に関する理解に基づいて，情報分析の基礎となる情報間に存在する関係及び利用する情報を識別する必要がある。

(1) 一般的な財務分析手法

情報の分析の最初のステップは，過去の財務記録を分析することである。有効な財務分析は，潜在的な不正の兆候を識別することができる可能性がある。

① 財務分析の類型

不正調査人は，様々な財務分析手法により，異常点や変化を分析し，不正

---

23 情報の分析手法及び財務分析の類型は，監査基準委員会報告書520「分析的手続」(平成23年12月，日本公認会計士協会)を基本に，さらに，監査基準委員会報告書第1号「分析的手続」(平成23年12月廃止，日本公認会計士協会)を参考に記載している。

調査に必要な仮説の構築を行い，また，仮説の検証を行うための調査要点の絞り込みを行う。財務分析の実施に当たっては，単純な比較から統計的手法まで多様な手法がある。主な財務分析の類型は，以下のとおりである。

ア．趨勢分析

　趨勢分析は，通常，財務情報の変動に係る矛盾又は異常な変動の有無を確かめるために効果的な手法である。趨勢分析は，財務情報間に存在する関係が合理的に推測できる場合に最も適合するが，事業内容の変化や会計方針の変更があるときには効果的でない場合がある。趨勢分析においては，単に前事業年度と比較するより，複数事業年度にわたり時系列で比較し，かつ可能であるならば小さい単位（例えば，企業全体よりもセグメント単位）で比較する方が有効である。

イ．比率分析

　比率分析は，財務情報相互間又は財務情報と財務情報以外（例えば，従業員数）の情報との関係を用いる手法である。比率分析は，情報間に存在する関係が合理的に推測できるとともにそれが安定している場合に最も適合する。また，貸借対照表項目と損益計算書項目との関係（例えば，売上債権回転期間）による比率分析によって異常な増減を明らかにすることがあり，趨勢分析より効果的な場合がある。

ウ．合理性テスト／回帰分析

　合理性テストは，不正調査人が算出した金額又は比率による推定値と財務情報を比較する手法である。合理性テストの有効性は，財務諸表項目に影響する要因や情報間に存在する関係に関する不正調査人の理解の程度により影響を受ける。

　また，回帰分析は，統計的手法による合理性テストの一種である。統計的なリスク比率と精度の水準を利用して求めた金額による推定値と財務情報を

比較する手法である。統計的手法には幾つかのモデルがあるが，回帰分析の利点は，(ア)推定値の算出が明確かつ客観的に可能となり，精度の高い推定値が算出できること，(イ)推定値の算出に当たって，多くの関連する独立変数を含めることができること，(ウ)推定値の精度の水準が直接的に，かつ数値により明らかにされることである。

◆図表Ⅳ-4　財務分析のポイント◆

```
           ┌──(例)回転期間分析──┐
           ↓                    ↓
        ┌─────┐          ┌─────┐      ┌───────┐      ┌─────┐
        │損益 │          │貸借 │      │キャッシュ・│      │他の │
        │計算書│          │対照表│      │フロー計算書│      │数値 │
        └─────┘          └─────┘      └───────┘      └─────┘
           ↑               ↑              ↑                ↑
           └──(例)利益とCFの相関関係──┘                │
           └─────────(例)1人当たり分析─────────┘

各財務諸表を組合せて分析し，他の情報と整合性を分析することが重要である。
```

② 財務情報の完全性及び正確性の評価

不正調査人が，調査に使用する財務情報の完全性及び正確性を評価することは有益である。しばしば，電子データの財務情報は，故意又は過失により不完全又は不正確になる。当然のことながら，不完全又は不正確な情報により実施された分析は，正しくない結果となる。

- □　合計値・合計金額の確認
- □　作成日付・出力日付の確認
- □　財務会計と管理会計の調整

(2) 財務分析の例

財務分析の実施においては，不正調査の目的，想定される不正の規模や関係部署等の状況に応じて，財務諸表全体・セグメント別・事業所別の分析や，個別取引単位での分析など適切な単位で行う必要がある。例えば，全社的な不正

な財務報告（以下「粉飾決算」という。定義等については後述する。）であれば全社単位の分析も有効となるが，一部の部門や特定の従業員のみの関与による不正な財務報告や資産の流用においては，財務諸表全体の分析では異常点が表れない場合が多い。

大規模な粉飾決算においては，粉飾に至る背景を理解する目的や，会計操作の開始時期を特定する目的で，長期間（例えば，10年間）にわたる分析が必要となる場合もある。また，調査要点の絞込みのために月次・日次等の様々な頻度での財務情報の分析が行われる場合もある。

① 売上高・売上総利益等の趨勢分析

不正な財務報告においては，売上高の操作を行うケースが多いため，全体的な趨勢を把握するために売上高・売上原価・売上総利益等の分析が行われる。経営者が関与する粉飾決算においても，その対象は特定の拠点や部門に集中して行われることが多いため，適切な会計単位にブレイクダウンして分析することで，異常点が発見される場合がある。

例えば，専ら大口取引先との取引を取り扱う部門や，業界内取引を取り扱う部門，帳合取引（帳簿上の商流と実際の物流が一致しない取引）を取り扱う部門の売上高が全体の趨勢に比して急増している場合，架空取引や循環取引の存在する可能性がある。部門長や営業拠点の責任者が主に関与する売上操作においては，部門別・拠点別に趨勢を比較して異常点を把握する必要がある。

経営者等や部門責任者が財務報告上の売上高に強いプレッシャーを受けているとき，四半期決算等の決算月前後に会計上の操作が行われる場合がある。そのため，月次の売上高等の趨勢を分析することにより，異常点が発見される場合もある。こうした場合には，返品・割戻し等の売上控除項目や追加原価など関連項目の分析も重要となる。

売上の操作は，関係会社や取引上親密な特定の企業等を相手先として行われるケースが多いため，取引先別の売上高等の分析も行われる。この場合，

取引先から更にエンドユーザ／消費者までの商流を理解した上で異常点を吟味することが重要である。

売上の水増しを目的とする会計操作においては，売掛金の滞留や売上総利益率の低下などを伴う場合が多いため，他の財務分析と組み合わせて異常性を把握していくこととなる。

② 貸付金・投資勘定等の増減分析

不正な財務報告には，貸付金・投資勘定の異常な動きを伴う場合も多い。各期末の残高が急増している場合や，期末付近に返済を装っているものの期中に多額の貸付金が発生している場合など，月次の増減に異常が生じているケースがある。

貸付金の異常増減は，過去に発生した投資上の損失や，売上操作を隠蔽するための操作により生じる場合もある。例えば，押込み販売や不良在庫の移転先として利用していた取引先に対して，その資金を供与するために貸付けを行うような場合や，損失を隠蔽するための「飛ばし」として行われる投資などである。

また，新規事業への進出などを装って貸付け・投資を実行し，貸付先・投資先から外部への資金流出を意図的に行った上で，その資金を社内の不正関与者に還流させ，その後貸倒損失・投資損失を計上する手法により，会社資産の横領が行われることも多い。

したがって，貸付金・投資勘定に異常な増減が見られる場合には，その発生時点に遡って入出金の分析と資金使途の把握，貸付先・投資先の実態調査等の手続を行い，関連する会計操作の有無，資金還流の有無等の調査など，調査目的に応じた必要な調査を行う場合がある[24]。

---

24 資金調査は，貸付金・投資勘定以外にも，企業が循環取引によって資金を還流させている場合の調査や，非営利組織が不適切な会計処理によって簿外資金を隠匿している場合の調査にも実施される。

③ 財務上の利益とキャッシュ・フローとの比較

粉飾決算による利益の計上は，資金の裏付けを伴わないものであるため，財務上の利益とキャッシュ・フローの関係に異常を生じる場合がある。

例えば，架空売上や架空在庫の計上，押込売上，仕入・買掛金の計上除外等が行われることにより，営業利益が黒字であるにもかかわらず営業キャッシュ・フローが赤字となるような場合がある。ただし，貸付金や投資勘定による資金流出を売上として還流しているようなケースでは，影響が営業キャッシュ・フローではなく投資キャッシュ・フローに表れる場合もある。

④ 売上債権等の回転期間分析・比率分析

売上債権・仕入債務・棚卸資産等の項目の回転期間や比率を分析することにより，異常点を分析することも行われる。

一般に，売上操作による粉飾決算が行われる場合には，水増しされた利益の額に応じてキャッシュが不足することとなるため，売掛金の滞留が生じることが通常である。したがって，売上債権の回転期間に異常が表れる場合が多い。

また，期末日付近に売上・仕入の操作が行われるようなときには，売上債権と仕入債務の比率などに異常が表れる場合もある。

⑤ 従業員一人当たり経費等の分析

財務分析において，従業員数・物量データなどのような非財務データとの関連分析が行われることがある。

一般的な従業員一人当たりの経営指標の分析が不正調査において重要となることはまれと考えられるが，旅費交通費のように，一定程度従業員数に応じて発生すると考えられる経費項目を分析することにより，資産流用に関連する異常点を把握する場合もある。

⑥ オーバーオールテスト(合理性テスト)

受取・支払利息や減価償却費等の計上額を資産・負債残高等に基づく推計値と比較することによるオーバーオールテストにより分析が行われる場合もある。

例えば,子会社の従業員が,期中に出金記帳をすることなく銀行預金を流用し,期末日に一時的に補填することによって資産の流用を行っているようなときには,平均残高と利率に基づき算出された利息金額と,実際の受取利息の関係に異常が生じる場合もある。また,売上高と運送費,在庫金額と倉庫保管料など,本来は一定の関係を有する項目において,出荷を伴わない売上計上や,預け在庫の売上計上などの会計操作の影響によって推計値からの乖離が生じる場合も考えられる。

推計値の算出に当たっては,費用項目の変動固定分解のように,回帰分析が用いられる場合もある。

⑦ 業種平均比較

財務分析に用いる財務比率については,新聞社・研究所・信用調査会社などの集計した産業別データが出版されている。調査対象の企業等について,財務諸表全体の特徴を分析するに当たっては,財務分析の結果を業種平均値と比較することも行われる。

⑧ CAAT(コンピュータ利用監査技法)ツールを利用した財務データの分析

一般的な財務分析とは異なるが,売上データ・仕入データなどの財務データを対象に,CAATツールを使用した取引件数・金額の分析や,異常項目の抽出等を行う場合がある。

例えば,経費の不正使用においては,特別な承認が必要となる閾値[25]をやや下回る金額の支出が多く行われている可能性がある。CAATツールを活

---

25 閾値(しきいち・いきち/threshold)とは,その値を境にして,動作や意味などが変わる値のことである。

用することにより，大量のデータを対象とした様々な条件（日付・ユーザID・摘要欄のキーワード等）での取引の抽出・集計が可能となっている。

(3) 非財務的な分析
主な非財務的な分析は以下のとおりである。

① 財務会計データの非財務的な分析
財務会計データには，財務的な情報以外の情報が格納されている。これらを利用して分析することが可能である。

例えば，仕入先マスタには，仕入先の住所，電話番号，口座番号が含まれている場合があり，人事データに含まれている配偶者情報や個人の給与口座番号等を比較することにより，従業員が自らの配偶者と共謀により実行していた不正が明らかになる場合がある。

② 時系列・地理的プロファイリング
不正関与者，若しくはその置かれた環境等の状況及びその変化について，時間的な流れとともに把握・検討すること，又は不正が発生したと考えられる地理的な特性を分析することにより，不正の動機・プレッシャー，機会，又は姿勢・正当化に関連する事象の有無を検討する。

③ 復元したPC等の解析，キーワード検索
コンピュータを用いて作成された文書，メール等の電子データにデジタル・フォレンジックの手続を用いた分析を行い，証拠の検索，又は仮説の検証を行う（PC等の解析については，「Ⅴ　不正に対する仮説の構築と検証　3. 仮説検証のための主な調査手続（4）PC等の解析（Digital Forensic）を参照）。

(4) 整合性分析
不正調査人は，インタビュー，電子データ，紙媒体データ等で入手したデー

タの間，又は財務データと非財務データとの間等に矛盾が存在しないか，また，仮説を検証する上で乖離が生じ得ないかを分析する必要がある。このような矛盾をきっかけに新たな不正が明らかになる場合がある。

　不正調査人は，整合性分析を通じて矛盾する情報に遭遇することがある。例えば，調査対象者等のインタビューで得た情報とは異なる情報がその者の電子メールから得られた等である。不正調査人は，各情報は何を意味するかを慎重に判断し，仮説を構築する必要がある。

- ☐　調査対象者等は，不正を隠すために嘘をついていた。
- ☐　調査対象者等は，受け取った電子メールを読んでいなかった。
- ☐　調査対象者等は，電子メールの存在を忘れていた。

(5) 不正リスクの要因分析

　調査対象者等に不正に関与しようとする動機やプレッシャーの存在を示したり，又は不正を実行する機会を与えたりする事象や状況の存在を識別する場合があるため，不正調査人は，入手した情報が不正リスク要因の存在を示しているかどうか分析しなければならない。このような事象や状況を，不正リスク要因（fraud risk factors）といい，その分析は，不正調査を実施する上で最も重要な分析の一つである。

　不正調査人は，不正リスクの要因は，不正関与者が置かれた環境や企業等の状況により異なるため，不正リスクの要因分析を，チェックリスト的に実施することはしてはならない。なお，不正リスク要因の存在は，必ずしも不正が行われていることを示すわけではないことに留意を要する（粉飾決算における不正リスク要因の例示については巻末資料を参照。）。

情報の分析手法

財務分析
- 趨勢分析
- 比率分析
- 合理性テスト／回帰分析
- その他

非財務分析
- 財務会計データの非財務的な分析
- 時系列・地理的プロファイリング
- 復元したPC等の解析，キーワード検索
- 整合性分析
- 不正リスクの要因分析

動機・プレッシャー　機会
姿勢・正当化

出所：日本公認会計士協会　夏季全国研修「不正調査ガイドライン」資料（平成25年8月22日）

V

不正に対する仮説の構築と検証

　本章は，他の章と異なり，不正の中でも会計不正（粉飾決算及び資産の流用）を中心に仮説の構築と検証手続を記載しています。不正調査人は，様々な検証手続から得た資料等に基づき事実認定を行うことになります。特に，事実認定に当たっては，客観的事実や他の証拠との整合性，証拠の証明力等に留意する必要があります。

公認会計士は，資金関連の資産の流用や財務関連の不正な報告以外に，広範囲な不正に関して不正調査業務を受嘱することが想定される。そこで，前章では，こういった広範囲な不正における情報の収集と分析について記述した。一方，依頼者の公認会計士に対する期待の一つには，財務報告関連の不正[26]の解明と再発防止の提言がある。そこで，ここでは不正の中でも財務報告関連の不正を中心に記述することにする。

1. 財務諸表監査と不正調査の比較

(1) 不正調査と財務諸表監査の比較

　公認会計士が受嘱する不正調査と財務諸表監査は，関連性はあるものの，同一の専門分野ではないことをまず理解する必要がある（「図表Ⅴ-1」を参照）。

(2) 財務諸表監査におけるリスク・アプローチ

　リスク・アプローチとは，財務諸表監査や内部監査等で利用されるアプローチであり，監査の人員や時間が有限であるため，全ての項目に対して総括的に監査を行うのではなく，経済環境，会社の特性などを勘案して，財務諸表の重要な虚偽表示に関連するリスクがある項目に対して重点的，効果的に監査を実施するアプローチである。すなわち，リスクの種類や程度を基準として，監査を実施する被監査対象の優先順位付けを行い，被監査対象内の対象範囲・項目及び監査手法を決定することによって，より効果的・効率的な監査を実現できるものである。

　不正は，上級管理者から隠蔽する意図で行われる場合もあれば，監査人から隠蔽する意図で行われる場合もある。特に後者が経営者によって行われる場合には，内部統制自体が機能していないため，発見が困難となる場合が多い。不正の手口は，簡単・稚拙なものから，複雑・巧妙なものまで様々であり，通常

26　ここでいう財務報告関連の不正とは，粉飾決算及び資産の流用をいう。

◆図表V-1 不正調査と財務諸表監査の相違点◆

	不正調査	財務諸表監査
アプローチ	仮説検証アプローチ	リスク・アプローチ
実施頻度	単発的 ※不正調査は非連続的なものであり、十分な断定的要素がある場合のみ実施される。	定期的 ※監査は、定期的かつ連続的に実施される。
範囲	特定的 ※不正調査は特定の容疑を解明するために実施する。	全般的 ※監査の実施範囲は、通常財務諸表全体である。
目的	実態解明等 ※不正の実態解明、発生原因の分析、責任の所在の特定等を実施することにある。	保証・意見表明 ※通常、財務諸表の適正性について合理的な保証を得て意見を表明することにある。[27]
対象との関係	対立的 ※責任の所在等を特定することを目的としているため、本質的に対立的な要素を有する。	中立的 ※監査のプロセスは、本質的に中立的なものである。
技術	不正調査技術 ※監査技術のほかに、書類の査閲・分析（Document Review）、インタビュー（Interview）、バックグラウンド調査（Background check）、デジタル・フォレンジック（Digital Forensic）等がある。	監査技術[28] ※記録や文書の閲覧、有形資産の実査、観察、質問、確認、再計算、再実施、分析的手続等がある。

出所：日本公認不正検査士協会『不正検査士マニュアル 2005-2006 日本版 改訂版Ver.1.01』はじめに p.2「監査と不正検査の違い」を参考に作成

の監査手続では発見が難しいものも含まれていると考えられる。

---

[27] 監査基準（平成25年3月，企業会計審議会）第一「監査の目的」においては，「財務諸表の監査の目的は，経営者の作成した財務諸表が，一般に公正妥当と認められる企業会計の基準に準拠して，企業の財政状態，経営成績及びキャッシュ・フローの状況をすべての重要な点において適正に表示しているかどうかについて，監査人が自ら入手した監査証拠に基づいて判断した結果を意見として表明することにある。」としている。

[28] 個々の監査手続については，監査基準委員会報告書500「監査証拠」（平成23年12月，日本公認会計士協会）A14項からA25項までを参照。

(3) 不正及び不正調査の特性

不正調査人は，不正又は不正調査が以下のような特性を持っていることを理解しておく必要がある。

① 不正の手口の存在

不正は，当該行為を隠蔽するための手口が存在する。よって，不正調査人は，不正の手口を正しく理解することなくして，実態解明は成し得ない。

② 証拠の必要性

不正調査人は，不正の容疑を裏付けるため，又は不正の容疑に異議を唱えるために，十分な証拠による裏付けが必要である。よって，不正が発生したことを調査する過程においては，不正が発生していないことの検討も試みるべきである。不正が発生していないことを調査する過程においては，不正が発生していることの検討も試みるべきである。

③ 不正の事実の調査

不正調査人の目的は，不正の事実を調査することにある。不正関与者が有罪又は無罪であるかについて意見を述べることは一切ない。

④ 不正関与者の身元

不正調査の実施時点では通常，不正関与者の身元が既に判明している。不正調査は，通常誰が関与者かということよりも，その者の行為が不正に該当するか否かが問題となる。

(4) 仮説検証アプローチ

企業等における不正の発見は，経営者等の主要な責務である。よって，不正の兆候がある場合，経営者等は問題の解決に向けて，速やかに不正調査を実施することが求められる。

いずれの不正調査においても、最終的には訴訟になるという前提の下で証拠の収集を行う必要がある。また、強制捜査権なしに不正の実態解明をするためには、不正調査で一定の仮説を構築する必要がある。そして、その仮説が立証可能か否かを判断すべく検証を実施する。そのために、「Ⅳ　不正調査に関係する情報の収集と分析」に記述したとおり、不正調査人は、必要な情報を収集し、収集した情報を分析した上で、不正に対する仮説を構築し、当該仮説を検証するという仮説検証アプローチを採用することで実態解明をすることになる。

① **仮説の構築**

仮説の構築は、十分な情報の収集及び分析の下、いかなる不正に対しても構築が可能である。仮説の構築においては、常にワーストシナリオを想定する必要がある。例えば、購買担当者に不正の容疑がある場合、購買担当者が特定の仕入先に対して業務を与える代わりに不正なリベートを受領していたという仮説の構築である。

② **仮説の検証**

仮説の検証には、ある状況における不正の手口を解明することが必要となる。上述の購買の例で構築した仮説を検証した結果、以下のような事実が判明する場合がある。

- ☐ 購買担当者と仕入先担当者の個人的関係
- ☐ 購入する財・サービスに対する高すぎる対価
- ☐ 購買担当者が優先的な納入業者に対して業務を依頼できる裁量
- ☐ 購買担当者の浪費

不正調査人は、仮説の検証をする過程で、検証結果が全ての不正の手口に適合しない場合、その仮説を棄却し、仮説を再構築しそれを再検証する必要がある。

2. 不正に対する仮説の構築と不正

(1) 不正に対する仮説の構築

不正調査人は，前章「Ⅳ　不正調査に関係する情報の収集と分析」で記載した不正に関する情報を収集し，分析結果を基に不正に対する仮説を構築する必要がある。不正に対する仮説とは具体的には以下の事項を検討することを意味する。

- ☐ 誰が（不正関与者）　Who
- ☐ 誰とともに（共謀者，不正関与者）　With who
- ☐ なぜ（動機・プレッシャー，目的）　Why
- ☐ いつ（不正実行期間，日時）When
- ☐ どこで（場所）　Where
- ☐ 誰に対して（被害者）　To whom
- ☐ どんな方法で（手段，手口）　How
- ☐ 何をしたか（結果）　What

不正に対する仮説の構築に関して不正調査チーム内で検討することが重要である。主に以下の事象[29]も併せて検討する必要がある。

- ☐ 入手している情報の真偽，及び真であると仮定した場合における実行可能な不正の手口の共有
- ☐ 不正の実行を知り得る立場にある者の特定
- ☐ 不正調査人が，不正による重要な虚偽表示が財務諸表に行われる可能性への適切な対応を検討し，不正調査チームのどのメンバーがどの検証手続を実施するかについての決定
- ☐ 「動機・プレッシャー」，「機会」，「姿勢・正当化」の不正リスク要因に関する企業等の内部要因や外部要因の検討

---

[29] 監査基準委員会報告書240「財務諸表監査における不正」（平成25年6月最終改正，日本公認会計士協会）A10項を参照。

□ 経営者等や従業員の不自然な行動又は説明のつかない行動，更には生活様式の変化の検討
□ 経営者等や特定の個人による内部統制を無効化するリスクの検討

(2) 財務報告関連の不正の類型

不正の中でも財務報告関連の不正における類型は以下のとおりである。不正の類型に当てはめて手口に対する仮説を立案することが必要である。なお，資産の流用と粉飾決算を比較すると，粉飾決算の方が財務諸表に与える影響額が大きくなることが多い。また，一般的に不正関与者の罪の意識は資産の流用の方が高く，粉飾決算における不正関与者にインタビューを実施しても不正を自覚していない可能性があることに留意を要する。

① 資産の流用

資産の流用[30]は，従業員により行われ，比較的少額であることが多い。しかし，資産の流用を偽装し隠蔽することを比較的容易に実施できる立場にある経営者が関与することもある。資産の流用は，以下のような方法により行われることが多い。

□ 受取金を着服する（例えば，掛金集金を流用すること，又は償却済債権の回収金を個人の銀行口座へ入金させること。）。
□ 物的資産を窃盗する，又は知的財産を窃用する（例えば，棚卸資産を私用又は販売用に盗むこと，スクラップを再販売用に盗むこと，企業の競争相手と共謀して報酬と引換えに技術的情報を漏らすこと。）。
□ 企業等が提供を受けていない財貨やサービスに対して支払いを行う（例えば，架空の売主に対する支払，水増しされた価格と引換えに売主から企業の購買担当者に対して支払われるキックバック，架空の従業員に対する給与支払）。

---

30 監査基準委員会報告書240「財務諸表監査における不正」（平成25年6月最終改正，日本公認会計士協会）A5項を参照。

- 企業の資産を私的に利用する（例えば，企業の資産を個人又はその関係者の借入金の担保に供すること。）。

資産の流用においては，資産の紛失や正当な承認のない担保提供といった事実を隠蔽するために記録又は証憑書類の偽造を伴うことが多い。

② **粉飾決算**

粉飾決算[31]とは，財務諸表の利用者を欺くために財務諸表に意図的な虚偽表示を行うことであり，計上すべき金額を計上しないこと，又は必要な開示を行わないことを含んでいる。粉飾決算は，企業の業績や収益力について財務諸表の利用者を欺くために，経営者等が利益調整を図ることを目的として行われる可能性がある。

このような利益調整は，経営者等の些細な行為又は仮定や判断の不適切な変更から始まることが多い。これらの行為は，動機・プレッシャーによって，不正な財務報告にまで至ることがある。例えば，業績報酬を最大にしたいという欲求や，市場の期待に応えるというプレッシャーのために，粉飾決算を行うことがある。また，税金を最小限にするための利益の圧縮，又は銀行からの資金調達を確保するための利益の水増しといった動機を持つこともある。

粉飾決算は，以下の方法により行われること場合が多い。

- 財務諸表の基礎となる会計記録や証憑書類を改竄，偽造又は変造する。
- 取引，会計事象又は重要な情報の財務諸表における虚偽の記載や意図的な除外をする。
- 金額，分類，表示又は開示に関する会計基準を意図的で不適切に適用する。

粉飾決算は，経営者等による内部統制の無効化を伴うことが多い。経営者は，以下のような方法を用いて内部統制を無効化し，不正を行うことがある。

- 経営成績の改竄等の目的のために架空の仕訳入力（特に期末日直前）

---

[31] 監査基準委員会報告書240「財務諸表監査における不正」（平成25年6月最終改正，日本公認会計士協会）A2項，「不正な財務報告」を，ここでは粉飾決算と呼称する。

を行う。
- □ 会計上の見積りに使用される仮定や判断を不適切に変更する。
- □ 会計期間に発生した取引や会計事象を認識しない，又は認識を不適切に早めたり遅らせたりする。
- □ 財務諸表に記録される金額に影響を与える可能性のある事実を隠蔽する又は開示しない。
- □ 企業の財政状態又は経営成績を偽るために，仕組まれた複雑な取引を行う。
- □ 重要かつ通例でない取引についての記録や契約条項を変造する。

不正に対する仮説の構築

八何の原則
- 誰が（不正関与者）Who
- 誰とともに（共謀者，不正関与者）With Who
- なぜ（動機・プレッシャー，目的）Why
- いつ（不正実行期間，日時）When
- どこで（場所）Where
- 誰に対して（被害者）To whom
- どんな方法で（手段，手口）How
- 何をしたか（結果）What

不正調査チーム内で検討
- 入手している情報の真偽，及び真であると仮定した場合における実行可能な不正の手口の共有
- 不正の実行を知り得る立場にある者の特定
- 不正調査人が，不正による重要な虚偽表示が財務諸表に行われる可能性への適切な対応を検討し，不正調査チームのどのメンバーがどの検証手続を実施するかについての決定
- 「動機・プレッシャー」，「機会」，「姿勢・正当化」の不正リスク要因に関する企業等の内部要因や外部要因の検討
- 経営者等や従業員の不自然な行動又は説明のつかない行動，更には生活様式の変化の検討
- 経営者等や特定の個人による内部統制を無効化するリスクの検討

出所：日本公認会計士協会　夏季全国研修「不正調査ガイドライン」資料（平成25年8月22日）

3. 仮説検証のための主な調査手続

　不正調査人は，不正に対する仮説の構築を立案した後に当該仮説が有意であるか否かを判断するために検証手続を実施することになる。その場合，不正の手口に鑑みて有効な検証手続を実施することが重要である。すなわち，不正の手口に対応して構築した仮説に，実施する検証手続が他の検証手続よりも有効であるかの検討が必要である。

　例えば，現物実査や実地棚卸は，資産の実在性に対する証明力の高い証拠を入手することができる。しかし，相手先への預け在庫を売上処理しているときには，自社倉庫の実地棚卸は，有効な検証手続となり得ない場合がある。また，確認は，回答者の誠実性等に依存しているものの，実施時期及び範囲が適切である場合には，取引や残高の実在性等を証明力の高い証拠を入手する検証手続となる。ただし，回答者と共謀により不正が実行されているときには，取引や残高の実在性等を証明するための有効な検証手続となり得ない場合がある。

◆図表V-2　不正の手口に対応しない検証手続の例◆

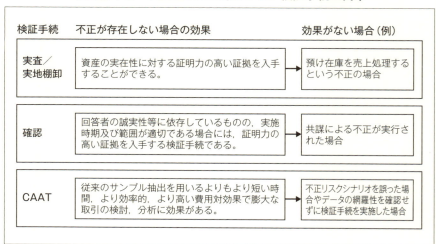

検証手続	不正が存在しない場合の効果	効果がない場合 (例)
実査／実地棚卸	資産の実在性に対する証明力の高い証拠を入手することができる。	預け在庫を売上処理するという不正の場合
確認	回答者の誠実性等に依存しているものの，実施時期及び範囲が適切である場合には，証明力の高い証拠を入手する検証手続である。	共謀による不正が実行された場合
CAAT	従来のサンプル抽出を用いるよりもより短い時間，より効率的，より高い費用対効果で膨大な取引の検討，分析に効果がある。	不正リスクシナリオを誤った場合やデータの網羅性を確認せずに検証手続を実施した場合

仮説検証のための調査手続としては，実査，立会，確認，質問，観察（視察），閲覧・査閲，突合，分析的手続，再実施等の会計監査技術も援用可能である[32]。前章「Ⅳ　不正調査に関係する情報の収集と分析　4．情報の分析手法」に記載した以外に重要な調査手続は以下のとおりである。

（1）書類の査閲・分析（Document Review）

　書類の査閲・分析は，不正調査の最も基本的な手続である。書類の閲覧・分析の手続には，単に書類の内容を確認するだけでなく，調査対象とする情報（会計記録・取引記録等）と裏付書類との突合により，情報及び資料の真実性・正確性・網羅性を検討する手続も含まれる。情報と裏付書類との突合においては，単に金額や日付・勘定科目の一致を確認するだけでなく，書類の承認や保管の状況，他の裏付書類の様式・形状との相違の有無等を吟味し，情報を裏付けるに足る信頼性を有するものであるか確認することも必要である。

　また，情報との突合だけでなく，書類そのものやその保管状況の不自然さから，不正の存在が疑われる場合（例えば，本来顧客に送付すべき書類が，担当者によって保管されている状況など）もある。

　不正調査においては，会計記録の真実性等を確認することに加えて，不正の手口に関する仮説を裏付けるために書類の査閲・分析が行われる。したがって，会計上の証憑に限らず，不正の手口に関連する書類（例えば，手書きのメモやメール等）を閲覧・分析することも必要となる場合もある。また，不正の存在を前提としていることから，記録や証憑書類が真正でないと疑われる場合，又は偽造されていると疑われる場合が多く存在する。

　書類の閲覧の結果，証拠としての信頼性に疑いのあるときや，他の状況によって証拠の信頼性について特に慎重な検討が必要なときには，不正調査人は，入手している文書自体の偽造の有無を検討する場合がある。特に文書を作成した個人の特定，インクや書類のフォーマット，複写の有無，作成時期等が偽造

---

[32] 小川真人，白井邦芳『「循環取引」対策マニュアル』（平成22年8月，中央経済社）を参照。

を検討する上で重要な項目となる。

　文書を作成した個人を特定するために筆跡鑑定が必要になる場合がある。複数の筆跡を比較して，それを書いた筆者が同一人であるか別人であるかを識別するものであり，筆跡に現れる個人内の恒常性と希少性の存在を識別することにより実施する。不正調査人は，筆跡鑑定を実施する場合においては，専門家を活用するか否かを十分に検討する必要がある。

(2) 不正関与者に対するインタビュー（Interview）

　不正調査人は，不正関与者に対するインタビューを実施する前に依頼者及び法律の専門家とインタビューの内容について十分に協議をする必要がある。

　不正調査人は，不正関与者とのインタビューの実施時においては，不正の詳細を確かめる必要がある。通常，最初の不正の実行から論理的に時系列に沿って検討を進め，不正関与者が自由に回答できるような質問形式である必要がある。物的証拠を提示する前に不正関与者が自主的に思い出した記憶を求めるのが望ましいが，不正関与者が自主的に思い出せないようであれば，物的証拠を提示する必要がある。

　不正調査人は，通常，不正の手口に沿って不正関与者に対して以下の質問をする必要がある。

- ☐ あなた以外に当該不正について誰が知っているか。
- ☐ この書類（の存在）は何を意味しているか。
- ☐ 不正はいつから始めたか。
- ☐ あなたは得た利得をどうしたか。
- ☐ なぜ不正を実行したか。
- ☐ 不正をどのように隠したか。

　不正関与者の自白は，多くの場合罪悪感等により起こる行動である。不正関与者は，期待している結果よりも嘘を貫き続けるストレスの方が大きいことからくる罪悪感，良心の呵責，苦悩から自白に至る。良心の呵責がない場合や，捕まらない自信のある不正関与者は，自白をする可能性が低い。自白をしたと

しても，不正調査人が既に持っていると考えられるレベルの情報しか提供しない可能性が高い。自白をすることによって不正関与者が受ける不利益が，不正関与者が思っているよりも少ないと思わせる必要がある。

なお，自白は不正関与者から自主的に行われるものである。不正調査人は，力ずくや脅迫行為で自白を強要してはならない。また，不正調査人は自白と交換条件で，免責を匂わせることを言う立場ではないことに留意が必要である。

(3) バックグラウンド調査 (Background check)

バックグラウンド調査とは，公開情報や非公開情報に基づいて行われる，企業等や個人の素性，資本関係，実績，評判，倫理感に係る情報収集及び分析である。入手した情報を分析した結果，何か明かされていない関係や状況があるかどうかを確かめるために，追加的に調査手続を実施する場合がある。

しかしながら，既述のとおり，バックグラウンド調査の可否は，各国の法令やデータベースに依存するため，必要に応じて法律の専門家に相談する必要がある。バックグラウンド調査で何が実施できるか否かは，国によって異なるが，不正関与者の職歴，犯罪歴の調査，関連する法人の信用調査，反社会的勢力との関係等は，対象とする場合が多い。

(4) PC等の解析 (Digital Forensic)

PC等の解析は，コンピュータやデジタル・メディア等を精査し，特定の事実を証明又は反証するために証拠収集を行う調査手続である。不正は，書類や記録の偽造等の隠蔽工作を伴うことが多いため，PC等の解析は特に重要である。

デジタル・フォレンジック技術の利用により，調査対象者等が使用しているPCやファイル・サーバ，メール・サーバ等に残存するデータを取得して，既に削除済みのメール・ファイル等も復元することで，それ以外の調査手続では得られない多くの証拠を入手することができる。

また，キーワード検索等を利用することで，大量のデータの中から不正に関連する情報を効率的に収集することができる。大量のデータが関連する大規模・

複雑な不正や，循環取引のように他の方法では十分な証拠が入手できない不正においては，PC等の解析は特に重要な手続となる。PC等の解析も，他の調査手続と同様に，不正の手口に関する仮説に基づいて行われる。そのため，不正調査の進捗に応じて，PC等の解析を再度実施する場合や，調査対象とするデータの見直しが必要になる場合がある。

(5) 反面調査

　反面調査とは，調査対象者等の取引先を対象として調査を実施することである。不正調査人は，不正関与者に対するインタビューや，メールレビュー，関連する文書の査閲等によって不正が行われた事実の認定が不可能な場合には，当該調査手続を採用することを検討することになる。反面調査を実施するに当たっては，依頼者，調査対象者等，及び反面調査先の同意を得る必要がある。また，反面調査は，調査範囲が問題になっている事象に限定することに留意する必要がある。

(6) 不正調査の調査手続と調査範囲

　不正調査人は，既に発覚している不正だけが調査対象ではなく，場合によっては，当該不正と類似的な不正の有無を検討する必要がある。発端となった不正の内容や事実，不正の関与者，不正の手口を調査する過程で，不正調査の対象とすべき類似な不正の可能性を検討し，調査対象者等や調査対象期間を含む調査範囲について判断する必要がある。

　この場合，調査範囲が過度に広がることがないように留意する必要がある。逆に，調査対象者等や調査対象期間を含む調査範囲が過度に狭くなった場合，依頼者やステークホルダーから，実施している不正調査に対して疑義が生じる可能性がある。そのため，調査範囲に関しては，慎重に検討・協議しその判断の根拠を明確にしておく必要がある。

失敗事例／検証手続が不十分による失敗①

　関係者だけのヒアリングのみをもって不正調査の結果を結論付けてしまい，内部調査が不十分であることをステークホルダーに指摘された甲社は，第三者委員会による外部調査を再実施することになった。第三者委員の不正調査人は，内部調査で対象とした関係者に人数を追加したのみで，結局ヒアリングのみをもって，不正調査の結果を結論付けた。

出所：松澤公貴「経営研究調査会研究報告第51号「不正調査ガイドライン」の実務上のポイント」『旬刊経理情報』中央経済社（平成25年，No.1366）を修正

失敗事例／検証手続が不十分による失敗②

　製造業を営む乙社は，代表取締役個人に対する多額な貸付が新聞で報道された。そこで，代表取締役は，自身が選任したメンバーで構成する内部調査委員会を設置し，同時に，代表取締役が普段懇意にしている弁護士と公認会計士で構成する外部調査委員会を設置した。外部調査委員は，内部調査委員からの経過報告を聞くだけで，特に独自の調査は実施せず，調査報告書も，内部調査委員が作成したものに押印するだけであった。

失敗事例／検証手続が不十分による失敗③

　丙社のコンプライアンス室は，「丙社の購買部長Ｚ氏と仕入先が共謀で不正を働きその見返りに仕入先からキックバックを受領している」との通報を受けた。丙社のコンプライアンス室は，社内の証憑を検証しＺ氏にヒアリングを行ったのみで，不正の事実はないと結論付けてしまった。

解説

　不正調査人は，不正に対する仮説の構築を立案した後に当該仮説が有意であるか否かを判断するために検証手続を実施することになる。事例はいずれも，不正調査人が不正の手口を十分に把握せず，検証手続が不十分となってしまった不正調査の失敗事例である。本ガイドラインに記載のとおり，不正調査は仮説検証アプローチで実施され，再現可能性を担保しながら実施する

> 必要がある。よって，不正調査人は，不正の手口に対応して構築した仮説に，実施する検証手続が他の検証手続よりも有効であるかを検討し手続を選択する必要がある。

4. 事実認定

　不正調査人は，様々な調査手続から得た資料に基づき事実認定を行うことになる。事実認定に用いる資料を証拠という。事実認定は，公知の事実等を除き，原則として証拠に基づいて行う必要がある。調査の目的，調査期間，証拠入手の困難性等を考慮すると，必ずしも民事訴訟等で必要となる厳格な事実認定が必要なわけではない。事実認定に当たっては，客観的事実や他の証拠との整合性，証拠の証明力等に留意する必要がある。

（1）証拠の収集
　不正調査人は，既述のとおり，違法な方法により証拠を収集してはならない。仮に，何らかの事情で，違法な方法によって収集した資料が含まれている場合には，事実認定に用いる証拠からこれを排除するなどの措置をとる必要がある。この場合には，法律の専門家に相談する必要がある。

（2）証拠の評価
① 証明力
　証明すべき事実（要証事実）の認定に役立つ程度を証明力という。事実認定をするに当たっては，証拠の証明力を評価する必要がある。証明力は証拠の種類や性質，作成者や供述者の性質などにより異なるものであり，一般的に，書面・電磁的記録や物などの客観証拠（非供述証拠）の証明力は，供述証拠の証明力より高い。また，不正に関与した者が作成したものより，第三者が作成したものの方が，一般的には証明力が高い。

② **客観証拠（非供述証拠）**

客観証拠（非供述証拠）は，後述する供述証拠と異なり，供述者の認識や記憶等の主観に依存しないことから，一般的には供述証拠より証明力は高い。客観証拠の証明力の評価に当たっては，要証事実と客観証拠との関係，客観的事実や他の証拠との整合性，作成者・保有者・保管者の性質，改竄の可能性などに留意しなければならない。

不正調査人は，客観証拠の証明力を評価するに当たっては，客観証拠の証明力が高いゆえに，事実認定における重要性も高い点に留意する必要がある。

③ **供述証拠**

供述証拠は，供述者の供述を証拠化したものである。供述者は，供述者の認識をそのまま供述するとは限らず，故意に誤った供述をする可能性がある。故意でない場合であっても，供述者の記憶の誤り等を原因として誤った内容が含まれる可能性がある。

一般的には，調査対象となっている者の供述よりも不正調査に利害関係のない第三者の供述の方が証明力は高い。自らに不利益となる供述（いわゆる自白）は，自らの認識に反し，あえて自らに不利益となる供述をする動機等がないのであれば，一般的には証明力は高い。不利益供述の証明力を評価する際は，第三者の関与を隠蔽するため，又は別の不正を隠蔽するためといった動機から，あえて自らに不利益となる供述を行う場合もある点に留意しなければならない。

供述証拠の証明力を評価するに当たっては，供述者の当該事案における役割，供述の変遷の有無・程度，客観的事実や他の証拠との整合性，不利益供述を行う動機，供述内容の具体性などに留意する必要がある。

(3) 証拠と事実認定

不正調査人は，不正調査の過程で入手した証拠や公知の事実等に基づき事実認定を行うことになる。事実認定においては，まず，公知の事実や客観的に発

生した事実など不正調査人の判断が入る余地のない事実など，客観的に動かし難い事実を確定する。その上で，各証拠の性質，証明力，整合性等を勘案し，要証事実を積み上げていくことになる。事実認定は，単なる推論と異なり，経験則や論理則にのっとって行うこととなる。

ただし，既述のとおり，不正調査においては，民事訴訟等で必要となる厳格な事実認定が常に必要なわけではなく，調査の目的，調査期間，証拠入手の困難性等を考慮し，合理的な仮定に基づき会計上の計数等を推計することや，疑いの程度を明示した灰色認定等をすることができる。

例えば，循環取引等の不正において，過去の期末日現在における棚卸資産の残高を示す明確な証拠がないときであっても，売上高及び棚卸資産回転率を合理的に推測することができるときには，それによって棚卸資産残高を推計することが可能な場合がある。この場合，推計の方法や推計の前提事実等については，調査結果の報告を行う際に，報告書に記載しなければならない。

① 直接証拠と間接証拠

要証事実を直接認定することができる証拠を直接証拠という。これに対し，要証事実を推認する事実（間接事実）を認定することができる証拠を間接証拠という。例えば，ある契約の存在が要証事実である場合に，契約書や契約を締結した旨の当事者本人による供述は直接証拠となり得る証拠である。一方，当該契約が成立していた場合に支払われたであろう金銭と同額が実際に支払われていたという事実は間接事実であり，この事実を認定することができる振込票や領収書は，間接証拠となり得る証拠である。

② 直接証拠による認定

直接証拠が存在する場合は，当該直接証拠により要証事実を認定することができる。ただし，直接証拠の証明力，他の証拠や客観的事実との整合性などに注意する必要がある。特に，直接証拠として供述証拠しかない場合には，供述証拠の証明力が一般的には低いことに留意する必要がある。

③ 間接証拠による認定

　要証事実を直接認定できる直接証拠がない場合，間接証拠により様々な間接事実を認定した上で，当該間接事実から要証事実を認定することになる。また，直接証拠が存在する場合でも，事実認定の確度を高めるため，様々な間接証拠を収集することは重要である。

　間接事実から要証事実を認定するに当たっては，収集した証拠からどのような間接事実を認定することができるか見極めた上で，当該間接事実と要証事実との関係を考慮し，要証事実を推認することができる程度の間接事実が認定できるか検討することになる。証拠の証明力，他の証拠や客観的事実・既に認定されている別の事実等との整合性，他の事実の可能性等に留意する必要がある。

　例えば，ある契約が成立していた場合に支払われたであろう金銭と同額が実際に支払われていたことが認定できた場合であっても，当該金銭の支払いが別の原因に基づく支払いであるなどの可能性があることに留意する必要がある。

参考／不正に関する主な罰則等

(1) 刑事罰

　不正が行われた場合，不正行為者については刑法，会社法，金融商品取引法等の規定により刑事罰が科されることがある。

〈図表A．主な刑事罰〉

項目	内容	根拠条文	量刑
有価証券報告書等の虚偽記載	有価証券届出書・発行登録書・有価証券報告書等について，重要事項に虚偽記載のある書類を提出した者	金融商品取引法第197条第1項1号	10年以下の懲役若しくは1,000万円以下の罰金，又は併科
	内部統制報告書・四半期報告書・半期報告書・臨時報告書等について，重要事項に虚偽記載のある書類を提出した者	金融商品取引法第197条の2第6項	5年以下の懲役若しくは500万円以下の罰金，又は併科

有価証券報告書等の不提出	有価証券報告書,内部統制報告書等を提出しないとき	金融商品取引法第197条の2第5項	5年以下の懲役若しくは500万円以下の罰金,又は併科
	四半期報告書,半期報告書,臨時報告書等を提出しないとき	金融商品取引法第200条第5項	1年以下の懲役若しくは100万円以下の罰金,又は併科
風説の流布等・相場操縦	不正取引行為・風説の流布・相場操縦的行為等の有価証券の取引等に関する規制に違反する行為をした者	金融商品取引法第197条第1項5号	10年以下の懲役若しくは1,000万円以下の罰金,又は併科
インサイダー取引	インサイダー取引規制に違反した者	金融商品取引法第197条の2第13項	5年以下の懲役若しくは500万円以下の罰金,又は併科
取締役等の特別背任罪	取締役,監査役等が,自己若しくは第三者の利益を図り又は株式会社に損害を加える目的で,その任務に背く行為をし,当該株式会社に財産上の損害を加えたとき	会社法第960条	10年以下の懲役若しくは1,000万円以下の罰金,又は併科
会社財産を危うくする罪	取締役,監査役等が,次のいずれかに該当する場合。 一 何人の名義をもってするかを問わず,株式会社の計算において不正にその株式を取得したとき 二 法令又は定款の規定に違反して,剰余金の配当をしたとき 三 株式会社の目的の範囲外において,投機取引のために株式会社の財産を処分したとき	会社法第963条5項	5年以下の懲役若しくは500万円以下の罰金,又は併科
取締役等の贈収賄罪	取締役,監査役,会計監査人等が,その職務に関し,不正の請託を受けて,財産上の利益を収受し,又はその要求若しくは約束をしたとき	会社法第967条第1項	5年以下の懲役又は500万円以下の罰金

　また,上記刑罰に関しては,不正の実行者が処罰されるのみではなく,法人に対しても罰を科す両罰規定が設けられている(金融商品取引法第207条,会社法第975条等)。

(2) 行政処分

　不正等の全てについて,上記の刑事罰が適用されるわけではなく,比較的軽微なものについては,下記の行政処分が課せられることが多い。

〈図表B．主な行政処分〉

項目	内容	根拠条文
有価証券報告書等の訂正命令	有価証券報告書，内部統制報告書，四半期報告書，半期報告書，臨時報告書等の訂正命令	金融商品取引法第9条第1項，第24条の5第5項等
有価証券募集・売出し届出の効力停止命令	届出の効力停止	金融商品取引法第10条第1項等
課徴金納付命令	有価証券届出書，発行登録書等の虚偽記載等	金融商品取引法第172条
	有価証券報告書，四半期報告書，半期報告書，臨時報告書等の虚偽記載等	金融商品取引法第172条の4第1項，第2項
	風説の流布・偽計の禁止違反	金融商品取引法第173条
	相場操縦行為の禁止違反	金融商品取引法第174条，第174条の2
	インサイダー取引規制違反	金融商品取引法第175条

　上記の行政処分のうち，課徴金制度は平成17年4月1日より導入された制度で，証券市場の公正性・透明性を確保するために，旧証券取引法に基づく刑事罰に加えて，行政上の措置として違反者に対して金銭的な負担を課すことにより規制の実効性を確保しようとするものである。課徴金の対象となる行為の違反者が，当局の調査等が行われる前に，有価証券報告書等の虚偽記載等の違反行為を報告した場合には，課徴金を半額に減算する制度が設けられている（金商法第185条の7第12項等）。逆に，過去5年間に課徴金の対象となった者が再度違反した場合には，課徴金の額が1.5倍に加重されることになる（金商法第185条の7第13項）。不正により，有価証券報告書等に虚偽記載等の可能性がある場合には，自ら適切に調査を行いその結果を当局に報告することにより，課徴金の額を半額にすることができる。また，再度の課徴金（1.5倍）が課せられることがないように，適切な調査を行った上で，適切な再発防止策を策定する必要がある。

VI

不正の発生要因と是正措置案の提言

　本章は，不正の発生要因と是正措置（緊急的対応及び抜本的対応）案の提言を記載しています。不正調査人は，不正が発生又は発覚した要因に基づき是正措置案を検討する必要があり，それを前提として適切な要因分析が求められます。

1. 不正の発生要因と是正措置案の提言との関係

　不正調査人は，不正が発生又は発覚した要因に基づき是正措置案を検討する必要があり，それを前提として適切な要因分析が求められる。不正リスク要因は，①動機・プレッシャー，②機会及び③姿勢・正当化に分けられる。

　これらの不正リスク要因のうち，①動機・プレッシャーと③姿勢・正当化については，下表のように個人の心理に帰着する部分が比較的多く，直接的な対策を立案することが困難であるため，長期継続的，間接的な対策が立案される傾向がより強くなる。②機会に係る要因については，職務分掌，職務権限，業務プロセスの運用等，直接的な対策が立案される傾向となる。また，不正調査人が行う是正措置案の検討は，緊急的対応に関する提言の検討と，抜本的対応に関する提言の検討とに大きく区分することができる。

◆図表Ⅵ-1　不正リスク要因と個人・組織との関係◆

不正リスク要因	内容	個人的要因	組織的要因
①動機・プレッシャー	不正を実際に行う際の心理的なきっかけのことである。処遇への不満や承服できない叱責等の個人的な理由や，外部からの利益供与，過重なノルマ，業務上の理由，業績悪化，株主や当局からの圧力等の組織的な理由が原因として考えられる。	◎	○
②機会	不正を行おうとすればそれが可能な環境が存在する状態のことである。重要な事務を一人の担当者に任せている，必要な相互牽制，承認が行われていないといった管理上の不備が主な原因である。	○	◎
③姿勢・正当化	姿勢・正当化とは，不正を思いとどまらせるような倫理観，遵法精神の欠如であり，不正が可能な環境下で不正を働かない堅い意思が持てない状態を指す。完璧な管理体制の構築は不可能である以上，道徳律の確立が不正予防の必須要件である。	◎	○

出所：経営研究調査会研究報告第40号「上場会社の不正調査に関する公表事例の分析」（平成22年4月，日本公認会計士協会）を適宜修正。

なお，左表の◎と○は，不正リスク要因が個人又は組織のいずれに比較的強く起因しているかを，一般的なイメージとして示したものである。①動機・プレッシャーの場合，内容の欄にも記載されているように，組織に比較的強く起因する状況もある点に留意をされたい。また，後述のとおり，組織に内在する問題点が個人的要因を強める原因となっている場合も多い点に留意されたい。

失敗事例／是正措置が不十分である失敗

経営者による不正が発覚したIT産業の甲社は，外部調査委員会による調査を受けた。外部調査委員会から受領した調査報告書における再発防止のための是正措置の提言には，内部統制を強化する必要性が論じられていた。甲社の外部調査委員会による是正措置の提言は，不十分なものとしてステークホルダーに受け入れられなかった。

出所：松澤公貴「経営研究調査会研究報告第51号「不正調査ガイドライン」の実務上のポイント」
『旬刊経理情報』中央経済社（平成25年，No.1366）を修正

解説

不正調査人は，不正が発生又は発覚した要因に基づき是正措置案を検討する必要があり，それを前提として適切な要因分析が求められる。すなわち，適切な要因分析のもと，適切な是正措置が実施できるのである。本事例のような，経営者による内部統制の無効化はマネジメントオーバーライドとも呼ばれ，内部統制の固有の限界（内部統制では防げない）として知られており，是正措置として内部統制を強化しても不正が再発する可能性は否定できない。

なお，内部統制の固有の限界は下記のとおりであり，留意が必要である。

内部統制の固有の限界

※担当者の判断の誤り，不注意，複数の担当者の共謀によって有効に機能しなくなる場合がある。
※当初想定していなかった組織内外の環境の変化や非定型的取引等には，必ずしも対応しない場合がある。
※内部統制の整備及び運用に際しては，費用と便益の比較衡量が求められる。

> ※経営者が不正な目的のために内部統制を無視ないし無効ならしめることがある。

2. 緊急的対応に関する提言の検討

　緊急的対応は，企業等が，不正により歪められた会計帳簿やその他の記録等を実態に合わせ修正を行ったり，また，事実として認識された不正について実行者又は監督者の責任の所在を明確にするといった対応である。不正調査人は，主に以下の事項に関する検討を行うことになる。

- ☐ 関係者の責任の所在の明確化と処分の実施
- ☐ 財務諸表の修正
- ☐ 仮装経理に基づく過大な税務申告の場合の還付と減額更正
- ☐ 損害の回復（損害賠償請求や保険金の請求等）
- ☐ 事業の縮小や民事再生・破産
- ☐ 共謀先との取引停止

(1) 関係者の責任の所在の明確化と処分の実施

　不正調査人は，不正調査の結果に基づき，不正関与者，職務上の監督者及び必要に応じて他の関係者に対しても責任の所在の明確化を検討する必要がある。

　不正関与者等の処分を行う際には，公正かつ公平であることが重要となる。この公正性，公平性を保つためにも，あらかじめ企業等では懲罰規程を明確化した上で，従業員等に周知を図り，適切にこれを運用することが求められる。

(2) 財務諸表の修正

　不正調査により判明した財務諸表に対する影響額については，企業会計基準第24号「会計上の変更及び誤謬の訂正に関する会計基準」（平成21年12月，企業会計基準委員会）において意図的でない誤謬と区別せず遡及的修正（修正再

表示）を行う旨が定められている。不正調査人は，その影響額について検討することになる。

（3）仮装経理に基づく過大な税務申告の場合の還付と減額更正

不正調査により過年度決算の修正が必要とされる事実が判明した場合，税金計算についても修正が必要となることが想定される。

原則として，税務は確定決算主義であり，過年度の財務数値の遡及修正によって影響を受けるものではない。ただし，遡及修正により会社法計算書類上前年度末の剰余金と，当年度期首の剰余金との間に不一致が生じるため，修正を行った年度の申告書別表の上で調整が必要となる。具体的な処理については，平成23年10月20日に，「法人が『会計上の変更及び誤謬の訂正に関する会計基準』を適用した場合の税務処理について（情報）」が国税庁法人課税課審理室調査課から公表されている。

また，不正の規模によっては，事業そのものの見直しが迫られることもしばしば生じるため，場合によっては，事業再生税制を考慮することも必要となる。[33]

（4）その他

① 損害の回復（損害賠償請求や保険金の請求等）

不正調査を通じて損害の発生が判明した場合，企業等は，その判明した事実に基づき，損害の回復を図る必要が生じる。そのために，不正の実行者や共謀者に対して，損害の賠償を求める民事訴訟を起こす必要が生じる場合がある。また，盗難等，損害保険等で担保できる場合には，保険の請求により損害の回復を図ることも考えられる。不正調査人は，こういった損害の回復

---

[33] 仮装経理に基づく過大申告の場合の還付と減額更正に関する事象を含め，経営研究調査会研究報告第47号「事業再生実務と公認会計士の役割」（平成23年12月，日本公認会計士協会），日本公認会計士協会編『事業再生の実務』（平成24年４月，日本公認会計士協会出版局）４．事業再生手続の背景にある事業再生税制（税制の概要と留意点）の項に詳細な記述があるので，参考にされたい。

に関する提言のための検討を行うことになる。

② 事業の縮小や民事再生・破産

　不正が判明した結果，企業等の信用が著しく毀損する場合が多い。また，事業において重要な財産が毀損したことによって，資金面で事業の継続に支障をきたす事態が生じる可能性もある。こういった場合には，企業等は事業の縮小を余儀なくされることになる。さらに，会社更生法，民事再生法，その他の法律に基づく再生手続や破産等の手続に入る必要が生じる場合もある。不正調査人は，こういった可能性についても，対応に関する提言を検討することになる。

③ 共謀先との取引停止

　不正調査の結果，取引先との共謀が判明した場合，企業等は，共謀先に対して損害の賠償を民事訴訟等で求める場合もある。この損害賠償の件が解決するまでには，一定の時間を要することになる。企業等としては，その間，当該不正の共謀先であった取引先と，これまでどおり取引を継続すべきか判断をしなければならない。一般的には，不正が再発しないために，まず共謀先との取引の停止等を行うなどの対応が必要になる。そのために，不正調査人は，共謀先との取引停止に関して，提言のための検討を行うことになる。

3. 抜本的対応に関する提言の検討

　抜本的対応は，発生又は発覚した不正の再発を防止するために実施する根本的な対応である。この抜本的な対応は，先ずは発生又は発覚した不正に関して，類似又は同種の事案が再度発生することを防止する観点で実施されるべきである。

　例えば，売上の計上時期が担当者の判断によって操作することが可能であることに問題の所在がある場合には，売上の計上に際して管理者等の承認を得る

仕組みを追加する等の手続を導入するような対応がこれに相当する。しかしながら，発生した要因が組織風土等企業活動の基盤となるものに起因している場合には，企業等のガバナンス構造や内部統制の根本的な改善を図ることが必要である。なお，不正の発生要因によっては，これらの発生要因に対処するために複数の措置を組み合わせて導入する必要がある点についても留意する必要がある。

そして，不正調査人は，抜本的対応に関する提言を検討することになる。

(1) 抜本的対応の基本的な考え方

企業等は，現状の内部統制では抑止できない不正リスクに対して，不正を予防又は早期に発見し適切に対処するための体制を構築する必要がある。そのためには，総合的に不正リスクを排除できる仕組みを効率的に作り上げることが重要である。

企業等を運営する経営者等の不正リスクに対する姿勢や考え方（Tone at the Top）を明確に周知するために，明文化されたプログラムを設定し，不正を予防又は発見し適切に対処する体制を整備することにより，不正リスクに適時かつ適切に対応することが企業等には求められる。また，経営者等による不正など，経営者自身に重大な問題があるときには，経営における執行と監督の分離を徹底するなど，企業統治の仕組みの変革が必要となる場合もある。

既述のとおり，不正リスク要因は，①動機・プレッシャー，②機会及び③姿勢・正当化によって構成される。これらには，不正関与者の個人的要因によるものもあるが，組織に内在する問題点が直接的に不正リスク要因として作用している場合や，個人的要因を強める原因となっている場合も多い。

例えば，予算や目標の達成に関する強い圧力は，不正な報告に関する直接的な不正リスク要因となる。また，ビジネス上の倫理を軽視し，金銭的な評価のみを重視する社風は，経済的理由による資産の横領や汚職等の動機を強めることにつながる。不公平な人事制度や処遇への不満や，倫理的行動に欠ける経営者の存在は，従業員レベルでの不正における正当化の要因となる。また，不正

の機会に関しては，統制活動やモニタリングといった内部統制の不備がその要因となっていることが多い。

　不正調査人は，抜本的対応に関する提言を検討することになるが，その際には，発生・発覚した不正の背後にある不正リスク要因を慎重に分析した上で，組織に内在する問題点を特定し，不正リスク要因を排除・削減することが必要である。

(2) 不正リスクに対するガバナンスの強化

　企業等の経営者等は，企業等が適切なガバナンスを構築するために，企業等の規模や属している業界に関係なく，高い倫理観を確保する必要がある。そして，発生又は発覚した不正等に対して誠実に対応することで，監督当局を含むステークホルダーに，当該企業等の不正リスクに対する姿勢と社会的責任を明確に示すことが重要である。

　不正リスクに対する有効なガバナンスの構築は，不正リスクを抑止するための基盤である。不正リスクに対する経営者等の姿勢によって，企業等の全社的な不正への取組を示すことができる。また，不正リスクに対する有効なガバナンス体制の構築に当たっては，経営者の姿勢を反映した行動規範の存在を含む以下の要素が重要である。

　不正リスクに対するガバナンス強化に関して不正調査人が提言する場合，以下の点に留意して検討する必要がある。

- ☐ 経営者による不正行為禁止の継続的なメッセージの発信
- ☐ 不正行為禁止や内部通報義務等を織り込んだ不正予防方針の策定及び企業等の役職員からの誓約書の入手
- ☐ 適切な職務分掌や権限及び責任の割当
- ☐ 人事制度・懲戒基準の見直し
- ☐ 適切な事業計画の再策定
- ☐ 子会社管理の徹底
- ☐ 内部監査体制の強化

(3) 不正リスクに対する定期的な評価の実施

　企業等が経済活動を行っている限り，不正な報告，資産の横領，汚職といった不正の発生可能性をゼロにすることはできない。むしろ，企業内のどの業務や機能に不正リスクが存在しているかを特定し，対応していくことが必要である。大規模な不正の発生は，企業等における不正リスクの評価が不十分であったことを意味するため，発生した不正の内容を踏まえて不正リスクに対する定期的な評価の体制を整備していくことが必要である。

　不正リスクの評価プログラムは，少なくとも企業等の不正リスクの特定，不正リスクの評価頻度や重要性の判断基準，不正リスクへの対応方法を含むべきである。なお，不正リスクを特定するためには，規制当局や同業他社又は指針の提供団体等における不正発生事例といった外部情報を収集し，業界に精通している者へのインタビューを行い，更には内部通報のレビューや通報内容の分析を実施し，整理されたこれらの情報に基づいて，不正の発生要因を分析することになる。

　企業等は，不正リスクの特定・評価の結果を会社の継続的モニタリング活動等に反映することで，不正リスクを低減させるための内部統制を構築するとともに，その運用状況の有効性を確かめる責任がある。

　不正リスクに対する定期的な評価の実施に関して不正調査人が提言する場合，以下の点に留意して検討する必要がある。

- ☐ 業務に内在する不正の固有リスクの特定
- ☐ 不正の発生可能性及び影響度の評価
- ☐ 不正リスクへの対応策の立案
- ☐ 不正リスクへの対応状況のモニタリング
- ☐ 不正リスクに対する定期的な評価

(4) 不正の予防と発見

　不正の予防のための施策の第一は，組織内において動機・プレッシャーや姿勢・正当化の要因となり得る事象を取り除き，又は行為の善悪を判断する基準

を明確化することにより，役職員が不正に手を染めるような内面的な要因を弱め，不正に対する心理的なハードルを高めることにより，役職員による不正の企図自体を抑止することである。

次に，仮に役職員が個人的な事情で不正を企図するに至った場合でも，それを実行する機会を与えないような予防的な統制が重要である。さらに，不正が行われたとしても，短期間で発見されるための統制によって，不正による損失を最小化することが必要となる。有効な発見的統制は，不正は必ず発覚するという認識を役職員に与えることで，不正の企図自体を抑止することにつながるのである。

不正の予防と発見のための施策としては以下が挙げられる。
- □ 倫理に関する規定・行動規範等の策定と研修
- □ 不正の手口を勘案したコントロールの強化
- □ 不正の発生リスクの低減を図るための組織体制作りと運用
- □ 不正対応の内部監査の実施
- □ 内部通報制度の整備運用の見直し・高度化

例えば，取引先から個人への不正なキックバックに関しては，金銭的な動機そのものは個人的なものであっても，取引先からの経常的な接待・贈答によって金銭感覚が麻痺していたり，納入業者を見下すような社風が存在することによって，不正に対する心理的なハードルが低くなっていることが要因として考えられる。これに対しては，明確で具体的な接待・贈答基準を定め，取引先との相互協力関係を重視した購買基本方針を定めて運用し，その業務上の成果を正当に評価することが，不正の抑止のために有効となる。

また，特定の担当者に対する発注権限の集中や，単価・在庫量の適正性に関するチェック手続の不存在が，不正の機会を与えている場合がある。これに対して，発注・支払の権限の分離，見積り合わせ，過剰在庫のチェックなどの統制を定めて運用することが，予防的統制として有効となる。さらに，内部監査部門等による取引先調査や，ホットラインの設置等により，不正なキックバックの存在を発見するための施策を整備するとともに発見された不正に対して，

企業等は厳格な処分を行うことが重要である。

　不正の予防と発見に関して不正調査人が提言する場合，これらの点に留意して検討する必要がある。

(5) 不正調査とその是正措置

　将来不正が発覚した場合，企業等の損害を最小限に抑えるために，速やかに実態調査及び是正措置を行うことが重要である。そのためには，事前に不正調査を実施する部署や実施における体制を明確にしておくとともに，不正調査のための手続や手順を明らかにしておくことが必要である。今回の不正を踏まえ，不正調査人が，将来発生する不正に対する迅速な対応について提言をする場合，以下の点に留意して検討する必要がある。

- □　不正等が発覚した場合における調査に関する基準
- □　是正措置の立案・実施に関する基準等の整備・運用

(6) 経営者不正に対する抜本的対応

　経営者等が内部統制を無視ないし無効にして経営者不正を行った場合には，経営者が最終的に整備と運用に責任を有する内部統制に対して改善策を講じたとしても効果は乏しい。こういった状況で不正調査人が抜本的対策の提言をする場合，以下の点を慎重に検討する必要がある。

- □　経営者の交代
- □　経営者が業務執行上付与されている権限自体の縮小
- □　取締役会や監査役（会）等の監視機能の強化
- □　ガバナンス体制の見直し
- □　経営者に対する報酬制度の見直し
- □　経営者を含む取締役・監査役等の意識改革

(7) 企業等が抜本的対応を実施する際の留意事項

　不正調査人からの提言に基づいて，企業等が抜本的対応策を実施するに当た

っては，企業等が組織的に対応することが必要となる場合が多い。その場合，企業等において，経営者等を責任者とする社内の委員会を設置し，そこに外部の有識者を必要に応じて委員として配置して，是正措置の実施状況についてのモニタリングが行われる。

　特に，大規模な不正の場合，社会からの注目度が高く，多数のステークホルダーに対して説明責任を課されていることから，このように企業等から独立しかつ客観的な判断が可能な第三者機関を一時的に設置して，抜本的対応策の導入やそのモニタリング等について権限を付与するといった措置が講じられるのである。

　不正調査人も，抜本的対策に関する提言を行う際に，企業等による実施に関してこういった点の検討も必要である。

調査報告

　本章は，調査報告書の類型，作成上の留意事項，作成例等を記載しています。調査報告の報告先は，原則として依頼者であり，不正調査人は，調査報告に際して事実誤認がないように十分に留意する必要があります。また，不正調査の成否は，調査報告の作文力で決定付けられるものではない点にも留意が必要です。

調査報告は，不正調査人が不正調査を実施し，調査の対象に対してどのような結論に至ったかを報告することをいう。不正調査の途中で報告することを中間報告又は経過報告といい，調査終了時に報告することを最終報告という。

　調査報告の報告先は，原則として依頼者である。具体的には，調査対象である企業等の経営者等，取締役会等，調査対象の企業等の親会社等様々である。不正調査人は，調査報告に際して事実誤認がないように十分に留意する必要がある。また，不正調査の成否は，調査報告の作文力で決定付けられるものではない点にも留意が必要である。

1. 報告の類型

　調査結果の報告は，報告対象者と報告の目的等を勘案し，報告方法及び様式等を決定する必要がある。なお，報告の一般的な類型は以下のとおりである。

(1) 書面による報告

　書面による報告（以下「不正調査報告書」という。）は，調査結果を依頼者に対して文書で伝達する報告方法である。文書による報告は，受嘱した不正調査業務の実施内容を明確にする上で重要である。また，不正調査報告書は，あらかじめ様式を決めておくことで，不正調査開始当初から調査すべき事項等が明確となり，調査の進捗や品質を管理する上で役立つ場合がある。不正調査報告書は，一般的には以下のような形式がある。

　　① 　全文形式

　　　全文形式の不正調査報告書は，不正調査における主たる成果物であって，締結した業務委託契約に基づいて，当該不正調査業務で報告すべき内容を，書面で網羅した報告書である。

　　　全文形式の不正調査報告書は，調査結果に基づいて企業等が行うステークホルダーへの開示，過年度の会計処理の訂正，関係者の処分及び損害の回復

の基礎となるものである。全文形式の不正調査報告書を公表する場合には，公的機関による捜査・調査への影響，関係者のプライバシー，営業機密等に十分留意する必要がある。

一方で，内容が詳細にわたり，短時間での報告には適さないため，別途要約形式やプレゼンテーション形式の不正調査報告書が作成される場合がある。

② 要約形式

要約形式の不正調査報告書は，全文形式の報告書に記載された内容のうち，不正調査の概要及び結果で重要な部分を簡潔に記載したものであり，主に依頼者である経営者等への短時間での報告のために用いられる報告書である。

要約形式の不正調査報告書は，前記のように報告対象者が短時間で調査結果の概略を把握し，迅速な意思決定が行われるように，簡潔・明瞭に記載する必要がある。また，要約の過程で特定の事項が省略されたり，過度に強調される可能性があるため，記載内容の網羅性・客観性・中立性に留意し，報告対象者が事実誤認をすることがないように留意する必要がある。

③ プレゼンテーション形式

プレゼンテーション形式の不正調査報告書は，文章形式によらず，文字情報と図表等の視覚資料を組み合わせたスライドの形式で作成された報告書である。主に発表者からの口頭での説明とともに用いられる。

プレゼンテーション形式の報告書は，理解の容易さや訴求力に重点を置いて作成されるもので，不正スキームの説明や是正措置案の提言には効果的である。一方で，箇条書きや体言止めの多用，主語の省略により記述の正確性や論理性に欠ける報告書となる可能性があるため，利用の目的や位置付けを明確にしておく必要がある。

(2) 口頭による報告

口頭による報告は，調査の経過又は結果について，報告対象者に口頭で伝達

する報告方法である。

口頭による報告の長所は，調査の経過や調査過程で発見された事項を報告対象者に適時かつ迅速に伝達できることや，報告内容に関する報告先の理解度を把握しながら双方向のコミュニケーションができることにある。一方で，報告すべき内容が不正確となり，報告者と報告先における認識の相違が生じる可能性がある。そのため，中間報告や経過報告ではこの報告方法が用いられることはあるが，最終報告は，口頭ではなく書面による報告とすべきである。

2. 不正調査報告書作成上の留意事項

（1）記載上の留意事項

不正調査報告書は，当該報告書が草稿であるか最終稿であるかを問わず，実施した不正調査の目的，不正調査の範囲，及び不正調査報告書の使用と第三者への開示に関する制限を記載する必要がある。また，不正調査で判明した事実を記載した上で，明瞭かつ簡潔な方法で調査結果と是正措置案の検討結果を記載する必要がある。

不正調査報告書には，不正調査で入手した証拠，すなわちレター，メモ，電子メール，インタビュー議事録，宣誓供述書及びその他の資料等を含めることができる。既述のとおり，不正調査報告書は，報告対象者及び報告対象者の使用目的等を勘案し，報告方法及び様式等を決定する必要がある。

不正調査人が不正調査報告書を作成する上で留意する事項は，主に以下のとおりである。

- ☐ 不正調査報告書の作成目的及び調査終了日付を記載する。
- ☐ 不正調査人が調査結果を記載する場合，その結果を評価するための証拠を記載する。
- ☐ 限定事項を適切に記載し，不正調査報告書の目的外使用を予防し，また，許可のない複製や第三者等への開示を予防する。
- ☐ 不正調査人の不正調査に関する責任を記載する。

□ 調査結果に対する法的な判断に関しては，法律の専門家以外の不正調査人は意見を記載しない。

(2) 不正調査報告書作成過程における留意事項

不正調査が以下のような場合，不正調査報告書作成過程を管理する上でより留意が必要となる。

□ 不正調査の目的が複数ある場合（例えば，資産の流用，不正な財務報告，汚職行為の有無等）
□ 調査対象の企業等の内部又は外部に複数の不正関与者がいる場合
□ 複数の不正調査人で不正調査を実施する場合
□ 調査対象期間及び調査実施期間が長期にわたる場合
□ 複数の国又は地域で不正調査を実施する場合

① **不正調査報告書の作成計画**

既述のとおり，不正調査開始当初から不正調査報告書の作成を念頭に置き，あらかじめ不正調査報告書の様式，報告方法及び添付資料等を含む不正調査報告書の形式を決定しておき，関連する不正調査人の役割分担を可能な限り明確に決定しておくことが重要である。

② **不正調査報告書作成に際してのコミュニケーション**

大規模で複雑な不正調査の場合，あらかじめ不正調査報告書作成管理者を任命しておき，各不正調査人と適時かつ適切な以下のようなコミュニケーションを図ることが重要である。

□ 調査実施計画表の適時の更新及び共有
□ 調査過程における発見事項に関する定期的な会議
□ 不正調査報告書の品質を保持するための定期的な会議
□ 不正調査報告書の草稿又は最終稿を報告対象者に提出する時期

③ 不正調査報告書の作成に際しての品質管理

大規模で複雑な不正調査の場合，適時かつ適切な不正調査報告書を作成するために，不正調査報告書作成責任者は，以下に留意する必要がある。

- ☐ 調査結果を裏付ける証拠の十分性
- ☐ 不正調査報告書における報告方法及び様式等の一貫性及び整合性の査閲
- ☐ 不正調査報告書の表現の曖昧さの排除
- ☐ 不正調査報告書作成者又は管理者に対する修正指示

失敗事例／調査報告における失敗

粉飾決算が発覚した乙社の内部調査委員会の調査補助者である不正調査人O氏は，乙社の内部調査委員会からの要求に応じ，不正調査報告書の草稿を乙社の内部調査委員会に提出した。当該草稿には一部事実関係を確認中である事項を含み，また，当該不正調査報告書は内部調査委員会からの指示に基づく調査手続の実施結果に限定されたものであったが，乙社の内部調査委員会は当該草稿を取引銀行に提出してしまった。なお，当該草稿には不正調査報告書の目的外使用を制限する限定事項や第三者への開示に関する制限の記載がなされていなかった。

解説

不正調査を進めるにあたり，不正調査人は不正調査の依頼者から不正調査報告書の草稿の提出を要求される場合がある。たとえば，不正調査人が調査委員会の調査補助者を務める場合，調査委員会は，調査補助者の調査の進捗状況を確認し，また，事実関係の認定や調査結果の結論付けを行うため，調査委員会は調査補助者である不正調査人に不正調査報告書の草稿や，もしくは口頭による中間報告や進捗報告を求める場合がある。不正調査人は，不正調査の依頼者がこのような中間報告等を利用してその後の調査の進め方や結論の方向性を判断する可能性があることに留意し，また，その内容を外部のステークホルダーに意図せず開示してしまうこと等がないよう，報告内容の

利用目的や開示制限について不正調査の依頼者に注意を喚起すべきである。

なお，不正調査報告書の作成にあたっては，本事例以外にも下記の事項にも留意すべきである。

- 調査手続の記載が不十分であり，不合理な調査範囲の絞込みを行ったとの疑惑をもたれた。
- 調査委員及び調査補助者の独立性等の記載が不十分であり，不正調査人の能力や調査対象企業からの独立性に疑いをもたれた。
- 不正の発生原因の分析が表面的であり，また，経営者の責任について十分な記載がなされなかったことなどが原因で，ステークホルダーからの不信を買った。
- 調査報告書を公開したが，商流やプロセスなどの予備知識を必要とする内容であったため，ステークホルダーには理解ができない内容であった。
- 調査報告書において，当該不祥事について，不正の意図があったのか，もしくは意図性のない誤謬であったのかが明確に記載されていなかった。
- 調査報告書において，不正関与者個人の実名を掲げてしまい，後日，名誉棄損に基づく損害賠償，実名公表禁止の仮処分等が本人から提起された。なお，公表が予定されている不正調査報告書では実名の記載を避け，それぞれの関係者名に，Ａ，Ｂ，Ｃ…とアルファベット等を振ることが望ましい。

3. 不正調査報告書の作成例

最終的に作成される不正調査報告書には，一般的には，不正調査の規模にかかわらず以下の事項が記載される。なお，不正調査報告書は，公認会計士だけではなく，弁護士等複数の専門家等が協働で作成する場合がある。その場合，不正調査報告書の作成責任を区分する必要がある点に留意が必要である。

(1) 宛先・日付

　不正調査報告書の宛先は，不正調査の依頼者であるが，上場会社の不正調査においては，当該会社名又は当該会社の取締役会が宛先となるのが一般的である。

　不正調査報告書の日付は，報告書の提出日であるが，企業等は，不正調査報告書の受領後，遅滞なくステークホルダーにその開示を行う必要がある。そのため，報告予定日をいつとするか，あらかじめ依頼者との間で明確にしておく必要がある。不正調査の進捗状況によって，当初の予定よりも報告日が遅延する可能性がある。その場合には，その旨を適時に開示することも必要となる。

(2) 不正調査報告書で使用する用語・略語の定義

　不正調査報告書で使用する会社名，専門用語，個人名，年号用語等の用語の定義やそれに関する略語をあらかじめ記載しておくことが重要である。特に，個人情報保護の観点から個人名は本文に記載せず，仮称を用いて記載しておく工夫も必要である。これらの分量が多い場合には，添付資料として巻末に記載することもできる。また，資本市場や不特定多数の消費者に影響を与える不正においては，業界用語や専門用語について，一般の読者が理解できるように明瞭な説明を付す必要がある。

(3) エグゼクティブ・サマリー

　エグゼクティブ・サマリーは，不正調査報告書の主要な部分を要約して記載した部分であり，不正調査報告書本文の冒頭に記載する場合がある。エグゼクティブ・サマリーは，全体の要旨が，当該箇所を読むだけで理解できるように記載する必要がある。不正調査報告書の分量が多い場合には，冒頭にエグゼクティブ・サマリーの章を設けることで，利用者の理解を容易にすることができる。

　エグゼクティブ・サマリーの部分に簡潔に記載した結果，場合によっては，その部分が過度に断定的な記述となったり，抽象的な内容になったりすること

で報告対象者に誤解を与える可能性もある。そのため、エグゼクティブ・サマリーを作成する際には、その部分の記載内容について、慎重な検討が必要になる。

(4) 不正調査の経緯

　不正調査対象となる不正の発覚から、不正調査委員会の設置、不正調査の着手に至るまでの経緯を記述する。不正調査の経緯の記載は、不正調査が行われた趣旨と、不正調査が正当な根拠をもって行われたことを明確にするとともに、不正の発覚から不正調査開始に至るまでに経営者等による適時かつ適切な対応が行われたか否かを明らかにする上で、重要な記載部分である。したがって、時系列での明確な整理の下、どのような機関でどのような意思決定が行われて不正調査に至ったかについて明示することになる。

(5) 調査体制及び調査手続等

① 調査目的

　調査目的は、調査実施者の責任範囲を明確にするために、必ず記載する必要がある。記載内容は、不正調査に関する業務委託契約書の内容と整合している必要がある。利用者の判断を誤らせないために、調査目的に含まれない事項があるときには、その点を明示する場合もある（例えば、「本不正調査は、個人の法的責任の追及を目的とするものではない。」など）。

② 調査体制

　調査体制は、調査目的に照らして十分な不正調査が行われたことを示す記載部分である。外部や内部の不正調査委員会において不正調査が行われた場合には、当該不正調査委員会メンバーと調査補助者の構成や人数、専門家の関与の方法、企業等との独立性の程度（例えば、「日弁連第三者委員会ガイドライン」への準拠等）の記載を検討する。

③ 調査手続

　実施した調査手続を記載する。当該記載により，不正の手口に対して有効な不正調査ができたことが説明できる。通常，初動調査の実施，インタビュー，PC等の解析，協力者等に対するバックグラウンド調査と取引関係の把握，証憑等の突合，過年度財務諸表への影響額の検討等が記載される。なお，制約があり調査手続が実施できなかった場合は，実施できなかった調査手続とその理由の記載が必要である。

④ 調査対象期間

　上記の調査手続実施の対象となる期間を記載する。原則として，不正実行期間より長い期間又は同期間であることが必要である。データの制約等により不正実行期間にわたって調査手続を実施できない場合は，その旨と理由の記載が必要である。

⑤ 調査対象者等

　不正調査実施の対象となる企業等及び個人を記載する。記載には，不正実行の当事者が所属する部門だけでなく，当該部門を管理・監視する機能を有する部門，関係する業務処理を行う部門（経理・システムなど）や役職員が含まれる場合がある。

⑥ 調査対象書類等

　不正調査報告書において，不正調査の対象とした書類のうち主要なものを記載する場合や，調査対象とした全ての書類を記載する場合がある。

⑦ インタビュー対象者

　インタビューの実施時期と対象者の所属部門，役職等を記載する。公表用の不正調査報告書においては，仮名（従業員Ａなど）を使用する等により調査対象者等のプライバシーに留意する必要がある。

⑧ PC等の解析対象

解析手続の対象者，データ保全・復元の方法と使用したソフトウェア，サーバにおけるデータバックアップ期間，検索に使用したキーワード等を記載する。手続の内容が専門的であり，詳細にわたるため，実施した手続の内容は別紙にして不正調査報告書に記載する場合がある。

(6) 調査対象企業等の概要

① 調査対象企業等の概要

調査対象企業等の業務概要，組織構造や指揮命令系統，監視機能などを記載する。

② その他不正調査対象の企業等を理解するために必要な情報

例えば，発生した不正に関連する商流や，業種特有の商慣行，調査対象者等のうち，主要な者の経歴，役職，調査対象期間における所掌業務，当該不正事案との関係等を記載する。

(7) 調査結果

① 判明した不正に関する事実

不正調査対象となった不正において，いつ，どこで，誰が，どのような行為を行ったと認められたのか，という点に関して，不正調査の結果判明した事実を記載する。不正の手口が複数ある場合には，この項の前に不正の類型を記載し，類型ごとに不正の手口を記載することもできる。また，文章で不正の手口を表現しにくい場合には，必要に応じて図表を挿入する等の対応が必要である。

② 不正が発生した要因

不正調査の結果判明した不正の手口に応じて，不正の発生要因の分析を行い検討の結果を記載する。不正が発生した要因は，是正措置案の検討との関

係で重要であり，両者の記載内容は整合的であることが必要である。また，不正を早期に発見できなかったのはなぜかという観点からも記述する必要がある。

　また，是正措置案の検討との関連からは，企業等が構築した内部統制上の問題点を明確にするため，関連する規程類や社内手続等の調査を実施し，組織や制度に不備があったのか，又は運用上の不備があったのか具体的に特定することが重要である。特に，長期間にわたり不正が発見されなかった場合には，その原因を明らかにすることが必要である。

③　財務諸表への影響

　不正調査の結果判明した不正が財務諸表に与える影響を集計して記載する。不正の影響は複数の勘定科目に及び過年度の複数期間にわたった財務諸表の修正が必要となる場合もある。その場合，適宜集約した集計表等の形式により記載するのが通常である。

　最終的な財務諸表の修正は，不正調査報告書の提出を受けた企業等の責任において，所定の手続や財務諸表監査を経て確定するため，不正調査報告書に記載される影響額は，飽くまで報告時点における暫定的な集計結果である。税効果の調整や連結調整項目への影響などは，記載に含めない場合もある。不正調査報告書には，財務諸表への影響額の記載は未確定のものであることを付記することが必要である。

(8) 是正措置案の検討

①　責任の所在と関係者の処分

　不正調査の目的によっては，責任の所在として，不正関与者及び職務上の監督者等の関係者個人の帰責性の程度に関する調査結果が記載される場合がある。責任の所在は，法的な判断に強く関連する記載部分となるため，法律の専門家以外の不正調査人が自らの意見を記載すべきではなく，飽くまで調査の過程で判明した事実の記載にとどめるべきである。

② **財務諸表の修正**

財務諸表の修正は，不正調査報告書の内容に基づき，その提出を受けた企業等の責任において行われる。不正調査報告書においては，「調査結果」の章において財務諸表への影響を記載することが一般的である。

③ **緊急的是正措置案**

緊急的是正措置案は，不正調査報告書の提出を受けた企業等において同種・類似の不正を繰り返さないために直ちに着手すべき再発防止策である。関連する業務プロセスにおける業務処理統制の見直し，決裁権限や報告手続の見直し，子会社・海外拠点管理の見直し，情報システムの見直し，内部監査の強化，内部通報制度の整備などの是正措置案を記載する。

④ **抜本的是正措置案**

抜本的是正措置案は，不正の発生を招いた根本的な原因に関する是正措置案であり，同種・類似の不正に限らず企業全体の不正リスクを低減させるために，全社的かつ中長期的な取組として実施すべき再発防止策である。企業等全体にわたる不正リスクのマネジメント体制の整備として，不正リスクに着目したガバナンスの見直し，不正リスク評価プロセス，業績評価・人事制度，教育制度等に関する是正措置案を記載する。

不正調査報告書作成例

―― 調査報告書 ――

（表紙等）
- 宛先・日付
- 挨拶文
- 用語・略語の定義

（本文）
Ⅰ．結果要約
Ⅱ．前提事項と背景情報
  1．発覚した経緯と発覚後の対応
  2．初動調査の概要
  3．調査対象組織の概要
  4．その他の背後情報
Ⅲ．実態調査手続
  1．実施した調査手続
  2．調査対象期間
  3．調査対象書類，閲覧書類
  4．インタビューの対象者と実施方法
  5．外部証拠の入手
  6．PC等の解析
  7．その他の手続

Ⅳ．調査結果（不正の手口）
  1．不正の手口
  2．調査結果
  3．財務諸表への影響
Ⅴ．調査結果（要因分析）
  1．不正の動機・プレッシャー
  2．不正の機会
  3．不正行為の正当化（統制環境）
Ⅵ．調査結果（不正関与者）
  1．経営者の関与の有無と対応
  2．主体的関与者への対応
  3．その他の者への対応
Ⅶ．是正措置
  1．緊急的対応
  2．抜本的対応

（添付資料）
- インタビュー議事録
- その他証拠

※不正調査報告書は，当該報告書が草稿であるか最終稿であるかを問わず，実施した不正調査の目的，不正調査の範囲，並びに不正調査報告書の使用と第三者への開示に関する制限を記載する必要がある。また，不正調査で判明した事実と不正調査人の意見を明確に区別した上で，明瞭かつ簡潔な方法で調査結果と是正措置案の検討結果を記載する必要がある。

※不正調査報告書には，不正調査で入手した証拠，すなわちレター，メモ，電子メール，インタビュー議事録，宣誓供述書及びその他の資料等を含めることができる。既述のとおり，不正調査報告書は，報告対象者及び報告対象者の使用目的等を勘案し，報告方法及び様式等を決定する必要がある。

出所：日本公認会計士協会　夏季全国研修「不正調査ガイドライン」資料（平成25年8月22日）

4. その他の留意事項

　不正調査報告書の構成やアウトラインを明確にし，記載内容の網羅性を確保するために，目次を付すことが必要である。不正調査報告書は，簡潔・明瞭かつ客観的な記述によることが望ましい。文章表現によって特定の関与者の悪質性を強調するような記載や，特定の印象に誘導するような扇情的な記載は避けるべきである。調査方法や調査結果の詳細な記載については，付表や添付資料とするなどの方法により，不正調査報告書が冗長とならないように留意する。

VIII

依頼者又は企業等が行うステークホルダー対応への支援

　本章は，依頼者や企業等が適切に説明責任を果たすために，不正調査人が必要に応じて行う助言・勧告を記載しています。不正調査人は，依頼者・企業等と，不正発覚時から最終報告までの不正調査の各段階を通じて，説明責任を果たすべきステークホルダーの範囲や，公表の時期及び説明すべき事項の内容を，継続して検討・協議する必要があります。

依頼者又は調査対象の企業等（以下「依頼者・企業等」という。）は，不正による損害の拡大を防止し，既に発生した損害や信頼の低下を速やかに回復するよう努めなければならない。加えて，不正の経緯及び原因等について，ステークホルダーに対する説明責任を果たさなければならない。

　不正調査人は，自らの不正調査の経過及び結果を，依頼者に対して適時かつ適切に伝達することで，依頼者・企業等が説明責任を果たすことができるように支援する必要がある。依頼者・企業等が適切に説明責任を果たさない場合には，必要に応じて助言・勧告を行う必要がある。

　そのために，不正調査人は，依頼者・企業等と，不正発覚時から最終報告までの不正調査の各段階を通じて，説明責任を果たすべきステークホルダーの範囲や，公表の時期及び説明すべき事項の内容を，継続して検討・協議する必要がある。

　特に，依頼者・企業等が上場会社や有価証券報告書提出会社等の場合には，投資者保護のための適時開示や継続開示書類の訂正等に係る報告義務の履行が求められることに十分留意する必要がある。

1. ステークホルダーへの対応における留意事項

(1) ステークホルダーへの対応計画

　不正調査人は，不正調査の開始に先立ち，調査の実施方法等に加えて，依頼者・企業等が行うステークホルダーへの対応計画を策定しなければならない。計画の策定に当たっては，以下で記述している事項を検討することが有益である。

　なお，依頼者・企業等が行うステークホルダーへの対応について，その対応内容が不正確である場合，又は調査結果が不当に歪曲されたものである場合には，不正調査の目的が果たされなくなる。このため，不正調査の各段階において，不正調査人は依頼者・企業等とコミュニケーションを図る必要がある。

(2) ステークホルダーの範囲

ステークホルダーとは，不正調査の依頼者の利害と行動に直接的又は間接的に利害関係を有する者をいう。具体的には，投資者（株主），債権者，顧客（消費者），取引先，従業員，地域社会，監査人，警察等の捜査機関，金融庁・証券取引等監視委員会等の規制当局及び金融商品取引所等が含まれる。

不正調査人は，不正調査の過程で，依頼者・企業等が情報伝達及び意思疎通を図るべきステークホルダーを特定する必要がある。

2. 不正調査の公表

(1) 公表の必要性の検討

依頼者・企業等は，発生した不正の内容及び影響するステークホルダーの範囲・影響度等と，法令・規制等による要請等を考慮の上，不正調査の発生及び調査結果に関する公表の要否を検討する必要がある。

上場会社においては，金融商品取引所の規則において要請される適時開示[34]や，金融商品取引法における訂正報告書等の開示義務[35]の要件に基づき，公表の要否を検討する必要がある。規則等で求められないときであっても，不正の重要性に応じて任意に開示を行う場合も多く見られる。不正調査人は，依頼者・企業等が公表の要否を検討するに当たって，必要な助言・勧告を行うこととなる。

(2) 公表の時期

依頼者・企業等は，不正調査結果（中間報告を含む。）の公表に当たり，情報の正確性と開示の迅速性とを衡量し，対象とするステークホルダーの要請に応える必要がある。不正調査人は，この場合も，依頼者・企業等に対して必要

---

[34] 例えば，株式会社東京証券取引所の場合，「有価証券上場規程」第402条（平成25年8月最終改正），「有価証券上場規程施行規則」第402条の2（平成22年6月最終改正）を参照。

[35] 「金融商品取引法」第24条の5，「企業内容等の開示に関する内閣府令」第19条を参照。

な助言・勧告を行うこととなる。

上場会社で不正が発覚した場合は，金融商品取引所の規程も踏まえ，不正調査人の不正調査の進捗段階に応じて，適時開示の時期を検討しなければならない。金融商品取引所が必要と認めて上場会社に照会を行った場合には，直ちに照会事項について正確に報告することが義務付けられている。不正の内容により，金融商品取引所及び監督官庁等への届出及び報告を行うとともに，適宜事前相談を行う必要があることにも留意しなければならない。

大規模な不正が発覚し不正調査を行う場合，依頼者・企業等は，下記のとおり，不正調査の着手前，不正調査の着手後で不正調査の結果が判明する前，及び不正調査の結果が判明した後の各段階[36]において開示を行う場合もある。

① **不正調査着手前の段階**

依頼者・企業等は，不正が発覚し不正調査に着手する段階では，当該事実が投資者の投資意思決定に与える影響と，事実関係及び財務諸表への影響等に関する情報の正確性とを勘案して，開示のタイミングを慎重に判断しなければならない。

② **調査着手後調査結果判明前の段階**

依頼者・企業等は，中間段階では，これまでの調査活動の過程で得られた情報を適宜報告する。その際には，不正調査人からの中間報告の内容が，不正調査の最終段階までに修正される可能性があることや調査終了の予定期日についても開示するのが一般的である。

③ **調査結果判明後の段階**

依頼者・企業等は，調査結果が判明した後の段階では，不正調査人から受領した不正調査報告書に基づいて，不正の事実関係及び財務諸表への影響等

---

[36] 弥永真生編著・布施伸章 藤津康彦 鈴木克昌著『過年度決算訂正の法務 第2版』中央経済社（平成23年，177頁）

を時系列等の項目立てにより簡潔明瞭に報告する。加えて，不正調査報告書に記載された発生原因の分析や，提言を受けた再発防止のため是正措置案についても報告することとなる。

上場会社以外の企業等においても，必要に応じて，上記に準じ公表の時期を検討することが望ましい。

(3) 公表の内容

依頼者・企業等は，調査結果の公表に先立ち，判明した不正の内容，ステークホルダーに与える影響の大きさ，規制当局及び捜査機関との関係など個別具体的な事情を総合的に勘案して，公表内容を決定しなければならない。

不正調査人は，依頼者・企業等による調査結果の公表に先立ち，その内容について，依頼者・企業等と検討・協議し，不正調査人が行った依頼者への報告内容と，依頼者・企業等がステークホルダーに対して行う公表内容に齟齬が生じないようにすることが望ましい。

不正調査人が作成した不正調査報告書の要約版を使って，依頼者・企業等が不正調査結果を公表する場合には，不正調査人が作成した不正調査報告書と依頼者・企業等が作成した要約版との不整合や，依頼者・企業等による不正調査結果の隠蔽が行われる可能性がある。それを避けるために，不正調査人自らが要約版を作成するか，又は依頼者・企業等の作成した要約版の校閲を不正調査人が行う必要がある。

> **失敗事例／公表における失敗**
>
> P社は，社内で生じた不正を積極的に公表するために記者会見にのぞんだ。記者のインタビューに対して，不正の事実関係，業績に与える影響及び今後のアクション等について十分な調査やその結果を踏まえた分析・検討が実施されておらず，回答が二転三転し，結果として正しい公表ができなかった。

解説

　投資者が自己責任により投資を行うため，消費者が安心して商品を購入するため等企業のステークホルダーが当該企業と適切に取引するための投資判断材料として，企業は企業内で生じた重要な不正等の情報を積極的に公表するケースが増えている。これは，近年，インターネットの掲示板の普及により経営者は，自身が不正の事実を公表する前に，インターネットを通じて情報が外部に告発されてしまうのが怖いと思っているため積極的な公表が増加していると言われている。本事例のように記者会見を実施する場合，マスコミやステークホルダーは，不正の発覚後企業の誠実性に注目し，経営者が不正の事実を認知してからどのようなアクションをしたかを評価することとなる。このアクションには，不正に関してどのような調査をしてどのようなものが公表されたかも含まれる。本事例は，自ら積極的に公表したものの当該ステークホルダー等の期待に応えることができずに，結果として経営者の説明責任を果たせなかった失敗事例である。

　本事例のような失敗をしないように，ステークホルダーへの対応方針を明確にし，また記者会見等の対外公表の前に以下のことを準備しておくべきである。なお，当初の会見は不正の内容にもよるが，社会への注意喚起という目的を考えると，発覚してから，できるだけ早期に公表することが望ましく，最低限，「事象の概要」，「今後の対応」について公表する必要がある。また，事前に外部のアドバイザーを雇い訓練してもよいであろう。

※ポジションペーパーの作成と関係者への共有：確定している情報で公表できると判断した情報のサマリー

※想定質問と回答分の作成と関係者への共有：最悪のシナリオを想定しておくことが重要

※報道資料の作成：ポジションペーパーをもとに戦略的に作成

※その他：記者会見場所の確保，ネームプレート，出席者の検討等

出所：松澤公貴「9つの失敗事例で原因と対処法を究めるフォレンジックのテクニックと留意点」『旬刊経理情報』中央経済社（平成21年，No.1220）

第2部 不正調査ガイドライン

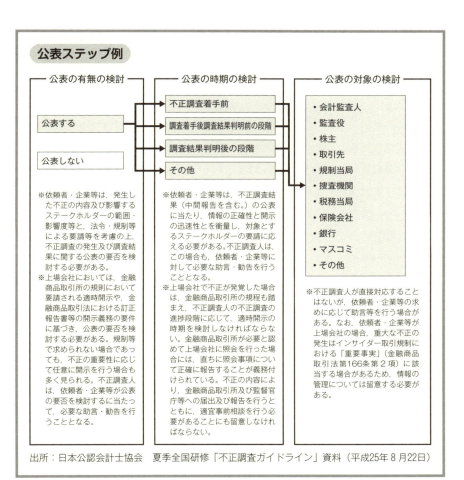

3. 監査人への対応

　不正の内容や性質によっては，不正調査人による調査結果が決算数値に影響を及ぼす可能性がある。この場合，調査過程において依頼者・企業等を通じて監査人とのコミュニケーションが必要となる場合もある。

4. 監査役等への対応

　監査役等は，不正が発生した場合，必要に応じて内部調査委員会及び外部調査委員会の設置を求め，これらの調査委員会からの説明を受けた上で当該不正の事実関係の把握に努めることとされている。そして，原因究明，損害の拡大予防，早期収束，再発防止，対外的開示の在り方等に関する取締役及び調査委員会の対応の状況について監視し検証しなければならないとされている[37]。このため，不正調査人は，不正調査の内容によっては，監査役等への報告の方法・時期・頻度等について，企業等の不正調査責任者とあらかじめ協議し，決定しておくことが必要となる。

　ただし，監査役等が不正に関与していると疑われる場合には，監査役等に情報を開示するに当たり，不正調査業務への影響を慎重に検討する必要がある。

5. その他のステークホルダーへの対応

　依頼者・企業等は，以下のようなステークホルダーへの対応が必要となる場合がある。これらについて不正調査人は，依頼者・企業等の求めに応じて助言等を行う場合がある。なお，依頼者・企業等が上場会社の場合，重大な不正の発生はインサイダー取引規制における「重要事実」（金融商品取引法第166条第2項）に該当する場合があるため，情報の管理に留意する必要がある。

(1) 株主への対応

　依頼者・企業等が株式会社の場合，事業報告及び訂正後の計算書類等につき

---

[37] 監査役監査基準（平成23年3月，社団法人日本監査役協会）第24条及び「重大な企業不祥事の疑いを感知した際の監査役等の対応に関する提言—コーポレート・ガバナンスの一翼を担う監査役等に求められる対応について—」（平成24年9月，公益社団法人日本監査役協会）等を参照。

株主総会において報告することとなる。

(2) 取引先への対応
　依頼者・企業等は，不正の発覚により取引先に損害が発生するおそれがあると判断した場合には，不正調査人の調査結果を取引先に説明する場合がある。

(3) 規制当局への対応
　依頼者・企業等が上場会社等の場合，有価証券報告書等の訂正報告書の提出を検討する必要がある。なお，提出に当たっては，規制当局に対して適宜事前相談を行うことにより，積極的なコミュニケーションを図る必要がある。

(4) 捜査機関への対応と刑事告発
　依頼者・企業等は，資産の横領や窃盗等により不正を行った者を告訴・告発する場合がある。

(5) 税務当局への対応
　依頼者・企業等は，課税所得若しくは税額の計算が税法規定に従っていない場合，又はその計算に誤りがあった場合には，税務署長に対して更正の請求ができるとされている。また，更正の請求期限後においては税務署長に対して嘆願書を提出して減額更正等を促すこともできる。

(6) マスコミへの対応
　依頼者・企業等及び不正調査人は，不正の内容及び原因等について記者会見等の手段を用いてマスコミに公表する場合がある。

IX

業務の終了

　本章は，不正調査の終了後の証拠管理，文書管理方法を記載しています。不正調査において入手した情報は，仮説を裏付けるものが証拠となり，不正調査報告書に記載する結論を導くために必要となるだけでなく，調査対象となった事案に関連して争いが生じた場合に，裁判上の手続において提出する可能性があります。

不正調査業務の終了時点は，業務委託契約書に定めておく必要がある。一般的には不正調査人が最終の不正調査報告書を提出することによって業務が終了することになる。不正調査の過程で収集した資料等の処分権は業務委託契約書において定められる。なお，外部調査委員会によって不正調査が行われる場合，資料等は外部調査委員会が専有する[38]のが一般的である。

1. 文書管理

(1) 文書管理の目的
　不正調査において作成される文書を管理する目的は，不正調査で発見され不正調査報告書に記載された不正の内容を裏付けるとともに，不正調査が業務委託契約書に準拠して適切に行われたことを示す証拠を，必要な期間にわたって適切に保持することにある。
　調査対象となる不正に関する直接的な証拠文書のみでなく，不正調査の過程を通じて作成・入手されるその他の関連文書も，文書管理の手続に沿って作成・管理されなければならない。

(2) 文書の分類
　不正調査において作成・入手される文書は以下の四つに分類される。
- ☐ 正式な不正調査報告書やその他の成果物
- ☐ 不正調査の過程で作成されるが最終的な成果物には含められない文書
- ☐ 調査対象者等，それに関係する個人や企業等から入手した文書
- ☐ 第三者の情報源から入手した文書やその他の情報

(3) 文書管理の手続
　管理対象とする文書に関しては，以下の事項に留意する。なお，紙面により

---

[38] 「日弁連第三者委員会ガイドライン」第二部 第二 4 資料等の処分権を参照。

保管される場合のみでなく，電子データで保管する場合も同様である。

① インデックス管理とバージョン管理
　不正調査の過程で利用される文書は大量になる可能性があるため，インデックス管理を行う必要がある。文書の更新を行う場合には，バージョン管理を行う必要がある。

② 文書の特定
　管理対象とする文書に関しては，以下の事項を記載して，文書を特定する必要がある。
　　□　表題
　　□　組織名
　　□　部署名
　　□　ID又はリファレンス番号
　　□　バージョン番号又は／及び日付
　　□　作成者

③ 文書の保存期限
　管理対象とする文書は，種類ごとに保存期限を定める必要がある。

④ 文書の保管
　管理対象とする文書は，適切なアクセス制限の下で保管され，受払管理を行う必要がある。

(4) 文書管理システム

　文書管理に必要となる管理システムは，不正調査の規模によって異なる。大規模な不正調査では，コンピュータ化された管理システムが使用されるが，小規模な調査においては簡単なインデックスによって管理されることになる。

2. 証拠管理

(1) 証拠管理の目的
　不正調査において収集・分析の対象となる情報のうち，不正の手口に関する仮説を裏付けるものが証拠となる。証拠は，不正調査報告書に記載する結論を導くために必要となるだけでなく，調査対象となった事案に関連して争いが生じた場合に，裁判上の手続において提出する可能性がある。したがって，不正調査の完了後も，適切な期間にわたって証拠価値の保全に努める必要がある。

(2) 証拠の分類
　不正調査においては，証拠は文書，検証物の観察，対象者へのヒアリング，電子情報として入手され，不正調査人が作成した文書，コピー，録音・録画記録，電子情報などの形式で保管される。

(3) 証拠保管履歴（Chain of Custody）
　証拠保管履歴は，証拠の入手から廃棄に至るまでの保管履歴の継続的な記録である。入手後の期間にわたって改竄が行われていないことを示すために，証拠保管履歴は作成される。この証拠保管履歴にはレファレンス番号を付し，入手日時，入手元，当初受領者，対象物の名称と内容，数量の記録と，その後の管理対象物の受払ごとの引渡者・受領者・目的とその日時を記録する。

(4) 証拠の保管
　証拠は，その形態に応じて，紛失・滅失・毀損・変質等が生じないように，封緘等を行った上で，アクセス制限された安全な保管場所に保管する。

以　上

巻末資料

【参考／粉飾決算における不正リスク要因の例示】

　監査基準委員会報告書240「財務諸表監査における不正」（日本公認会計士協会）を参考に粉飾決算の発生要因を例示すると以下のようになる。なお，例示にすぎないため，粉飾決算が発生した際には，不正調査人は不正発覚企業の事業規模，所有形態又は状況を適切に勘案し，必要に応じて発生要因を追加し，又は，他の発生要因を識別する必要がある。

粉飾決算における動機・プレッシャーの例
① 　不正が発生した会社又は不正が発生した部署が，財務的安定性又は収益性が，一般的な経済状況，競合他社，産業固有又は企業の事業環境により脅かされている場合がある。例えば，
- 利益の減少を招くような過度の競争又は市場が飽和状態にある
- 技術，製品陳腐化，又は利子率等の急激な変動に十分に対応できない
- 顧客の需要が著しく減少したり，会社の属する産業又は経済全体における経営破綻が増加している
- 倒産，担保権の実行又は敵対的買収を招く原因となる営業損失が存在している
- 利益が計上され又は利益が増加しているにもかかわらず営業活動によるキャッシュ・フローが経常的にマイナスとなっている，又は，営業活動からのキャッシュ・フローを生み出している
- 特に同業他社と比較した場合，急激な成長又は異常な高収益がある
- 新たな会計基準，法令又は規制が設定されている

② 　不正行為者が，第三者からの期待又は要求に応えるために次のような過大なプレッシャーを受けている場合がある。例えば，
- 経営者の非常に楽観的なプレスリリースによって生じる期待など，証券アナリスト，投資家，大口債権者又はその他外部者が会社の収益力や継続的な成長について過度の又は非現実的な期待をもっている
- 主要な研究開発や資本的支出のために行う資金調達を含め，競争力を維持するために追加借入やエクイティ・ファイナンスを必要としている
- 取引所上場規則や債務の返済又はその他借入に係る制限条項に十分対応できていない

- 企業結合や重要な契約に際して，業績の低迷により不利な影響を被っている
③ 以下のような取引や関係によって，会社の業績が経営者，取締役又は監査役等の不正行為者の財産に悪影響を及ぼす情報がある場合がある。
- 不正行為者が会社と重要な経済的利害関係を有している
- 賞与やストック・オプションなどの不正行為者の報酬の大部分が，株価，経営成績，財政状態又はキャッシュ・フローに関する積極的な目標の達成に左右されている
- 企業債務を個人保証している
④ 取締役会等が掲げた売上や収益性などの財務目標を達成するために，不正行為者に対する過大なプレッシャーが生じる場合がある。

粉飾決算における機会の例
① 不正が発生した会社又は不正が発生した部署が属する産業や企業の事業特性が，以下のような要因により会計不正に関わる機会をもたらしている場合がある。
- 通常の取引過程から外れた重要な関連当事者との取引，又は監査を受けていない若しくは他の監査人が監査する重要な関連当事者との取引が存在している
- 仕入先や得意先等に不適切な条件を強制できるような財務上の強大な影響力を有している
- 主観的な判断や立証が困難な不確実性を伴う重要な会計上の見積りに基づいて資産，負債，収益又は費用が計上されている
- 重要性のある異常な取引，又は極めて複雑な取引，特に困難な実質的判断を行わなければならない期末日近くの取引が存在している
- 事業環境や文化の異なる国や地域で重要な事業が実施されている
- 事業を実施する上で，明確な正当性があるとは考えられない仲介手段を利用している
- 租税回避地域において，事業を実施する上で，明確な正当性があるとは考えられない巨額の銀行口座の存在又は子会社若しくは支店を運営している
② 以下のように経営者や上位管理者に対する有効な監視活動が存在していない場合がある。
- 経営が一人又は少数の者により支配され，取締役会又は監査役等による監視が

不十分である
  - 財務報告プロセスと内部統制に対する監査役等による監視が効果的ではない
③ 以下のような組織構造が複雑又は不安定である。
  - 会社を支配している組織等の判定が困難である
  - 異例な法的実体又は権限系統を含め，極めて複雑な組織構造である
  - 取締役若しくは執行役又は監査役等が頻繁に交代している
④ 内部統制の構成要素について，以下のような要因により欠陥を有している場合がある。
  - 内部統制に対して十分な監視が行われていない
  - 従業員の転出入率が高い，又は，十分な能力をもたない経理や内部監査又はITの担当者を採用している
  - 内部統制の重大な欠陥を含め，会計及び情報システムが有効ではない

粉飾決算における姿勢・正当化の例
① 企業価値又は倫理基準の伝達，実施等が経営者により効果的に行われていない，又は，不適切な企業価値又は倫理基準が伝達されている
② 財務・経理担当以外の経営者を含む不正行為者が会計方針の選択又は重要な見積りの決定に過度に介入している
③ 過去において証券取引法（現金融商品取引法）その他の法規違反，あるいは不正や法規違反により会社や取締役若しくは執行役又は監査役会等に対して損害賠償請求を受けた事実がある
④ 経営者を含む不正行為者が会社の株価や利益傾向を維持したり，増大させることに過剰な関心を示している
⑤ 経営者を含む不正行為者が投資家，債権者その他の第三者に積極的又は非現実的な業績の達成を確約している
⑥ 経営者を含む不正行為者が内部統制における重大な欠陥を発見しても適時に是正していない
⑦ 経営者を含む不正行為者は不当に課税所得を最小限とすることに関心がある
⑧ 取締役又は執行役のモラルが低い
⑨ オーナー経営者が個人の取引と会社の取引を混同している

⑩　非上場会社において株主間紛争が存在している
⑪　経営者を含む不正行為者が重要性がないことを根拠に，不適切な会計処理を頻繁に正当化している
⑫　経営者を含む不正行為者と現任又は前任の監査人との間に以下のような緊張関係にある
- 会計，監査又は報告事項に関して，頻繁に論争している
- 監査作業又はコミュニケーションに関して不当に制約を課している

あとがき

　「不正はなぜなくならないのか。」こうした議論はいつの時代も繰り返されてきました。これは，不正に直面した当事者や組織だけではなく，全てのステークホルダーが不正の問題を共有し，不正が生じないようにする土壌を広く社会全体で形成しなければ，不正を防止することは難しいということを意味するのではないかと考えています。

　公認会計士は，古くからその専門性と生来的な独立性が評価され不正調査の現場で活躍してきました。最近では，会計不正だけに留まらず会計不正以外の不正においてもその活躍の場を拡げており，「フォレンジック調査人」と呼ばれ，ステークホルダーの一角を担う者としてこれからも不正と戦い続けなければなりません。

　経営研究調査会研究報告第51号「不正調査ガイドライン」（平成25年９月４日日本公認会計士協会）は，公認会計士だけでなく，不正に直面した組織の様々な人に活用頂くことを想定しています。そのため，書籍化に当たり，具体的な事例を可能な限り紹介しています。また，本書の中で行われた座談会では，各分野の権威ともいえる実務家から，忌憚なきご意見を頂戴することができました。

　一方，不正対策に先進的な企業等では，不正の防止・発見・対処に対する企業等の取組みを経営上の課題として，企業等の業績を阻害することなく，企業価値の向上のために以下に示す項目への対応に焦点を当てて，実践しはじめています。

- 経営目標の達成を損なわせる不正リスクに対する理解
- 法規制や市場の期待に反することにより発生しうる企業責任，制裁措置及び訴訟の理解
- 現状の不正対応プログラムや内部統制が，不正の減少に有効かどうかの判定
- 不正を未然に防止し，発見及び対処する統制を設計，評価する改善策のため

の見識の獲得
- 不正リスクを適切に管理し，業績を改善する継続的なプロセスの構築
- コンプライアンスへの投資からの現実的価値の創出
- 企業等の健全なコーポレート・ガバナンスによる高水準の誠実性の達成

　本ガイドラインの作成に携わってきたメンバーとして，本書及び本部会の今後の活動が，不正調査実務に携わる多くの実務家，専門家だけではなく，不正に直面した組織の様々な人々に，広くお役に立つものとなれば幸いです。
　最後になりましたが，本書の刊行に当たり，ご多忙な中貴重な時間を割いていただきました経営研究調査会（不正調査専門部会）の各委員にはこの場を借りて心からお礼申し上げます。

平成27年1月

　　　　　　　　　　　　　　　　　　　　　　　　日本公認会計士協会
　　　　　　　　　　　　　　　　　　　　経営研究調査会　不正調査専門部会
　　　　　　　　　　　　　　　　　　　　　　　専門部会長　坂上　信一郎
　　　　　　　　　　　　　　　　　　　　　　　副専門部会長　松澤　公貴

日本公認会計士協会　経営研究調査会　不正調査専門部会

専門部会長
坂上　信一郎

副専門部会長
松澤　公貴

専門委員
金子　昌嗣
河邊　哲
木村　光崇
駒井　昌宏
坂邊　淳也
藤田　大介

オブザーバー
木内　敬（弁護士）
垰　尚義（弁護士）

常務理事
井上　浩一
和貝　享介

副会長
山田　治彦

（平成27年1月現在）

> 著作権法により無断複写複製は禁止されています。

不正調査ガイドライン

平成27年1月30日　初版発行

編　集	日本公認会計士協会 ©
発行者	森　公高
発行所	日本公認会計士協会出版局

〒102-8264　東京都千代田区九段南4-4-1　公認会計士会館
電話　03(3515)1124
FAX　03(3515)1154
URL：http://www.jicpa.or.jp/

Printed in Japan 2015　　　　　　　　　　　　製版：(有)一　企　画
　　　　　　　　　　　　　　　　　　　　印刷製本：(株)あかね印刷工芸社

落丁、乱丁本はお取り替えします。
本書に関するお問い合わせは、読者窓口：book@sec.jicpa.or.jp までお願い致します。

ISBN 978-4-904901-49-6　C2034

本書とともに

企業不正防止対策ガイド（新訂版）

八田進二編著

企業不正をめぐる最近の動向と
わが国における課題を詳細に検討！

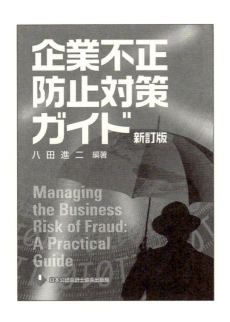

米国公認会計士協会／内部監査人協会／公認不正検査士協会の3団体共同公表の「企業不正リスク管理のための実務ガイド」の翻訳・解説に鼎談「企業不正の動向と課題」,「不正調査報告書2012年度版（ACFE）」を加えた新訂版！

A5判　344頁
定価：本体 2,500円＋税

日本公認会計士協会出版局